...always believe in the natural power and wisdom of the American native people...

Dieses Buch wird all den Leuten gewidmet, die in irgendeiner Form aktiv oder auch nur passiv an dessen Entstehung mitgewirkt haben!

Bei folgenden Personen will ich mich mit deren namentlichen Nennung besonders bedanken bzw. grüßen:

Elizabeth Winker	Germany / South Dakota
John Winker	St. Paul, Minnesota
Pat Winker	Howard, South Dakota
Dan Winker	Minneapolis, Minnesota
Jerry Winker	Howard, South Dakota
Nancy Winker	Sioux Falls, South Dakota
Harold Winker	Howard, South Dakota
Christina Winker	Howard, South Dakota
Paul Winker	Howard, South Dakota
Samantha Winker	Howard, South Dakota
Clara Winker	Howard, South Dakota
Barney Wagner, Sr.	Platte, South Dakota
Connie Wagner	Platte, South Dakota
Barney Wagner, Jr.	Sturgis, South Dakota
Connie Wagner	Sturgis, South Dakota
Richard Wagner (Dick)	Dimmock, South Dakota
Marsha Wagner	Dimmock, South Dakota
Neil Burghardt	Brookings, South Dakota
Benjamin Katona	Rastatt, Germany

Lothar R. Schulz

Our Run to Sturgis 2017

Trip on a Damned Endless Highway Through South Dakota

Bibliografische Information der Deutschen Nationalbibliothek:
Die Deutsche Nationalbibliothek verzeichnet diese Publikation in der Deutschen Nationalbibliografie; detaillierte bibliografische Daten sind im Internet über http://dnb.dnb.de abrufbar.

Illustration: **Lou** *(Lothar R. Schulz)*
weitere Mitwirkende: Elizabeth A. Winker

Herstellung und Verlag: BoD – Books on Demand, Norderstedt

*ISBN: 978-3-7448-**1284-9***

Vorwort

Der Reisebericht ist in Form eines Tagesbuches gestaltet, welcher vor allem anhand seiner vielen und zum Teil eindringlichen Bilder erzählen soll. Es wurde so ziemlich alles aufgenommen was in irgendeiner Art interessant erschien. Deshalb soll man sich bitte nicht wundern wenn man hier Dinge sieht und liest, die vor allem auch der späteren Erinnerung des Autors dienen sollen. Aber gerade dieser Umstand macht das „Werk" evtl. auch zu etwas, welches es von anderen Büchern auf hoffentlich recht angenehme Art und Weise unterscheidet...!

Das Buch soll nicht nur Informationen über das tatsächlich Erlebte vermitteln, sondern vor allem auch von dem etwas wiederspiegeln was an subjektiven Eindrücken in den vielfältigsten Situationen wahrgenommen und erlebt wurde. Der Leser bzw. viel mehr der Betrachter der Bilder soll hierbei eingeladen werden möglichst tief in den Reiseverlauf miteinzutauchen. Er darf etwas von der Magie und Energie unseres Roadtrips über die Highways durch die Weiten des Mittleren Westens, der amerikanischen Prairie zu unserem ultimativen Ziel der größten Motorradparty der Welt nach „STURGIS" im US-Bundesstaat South Dakota (SD) und Umgebung „aufsaugen". Er wird eingeladen einen kleinen Geschmack von dem zu bekommen was die Leidenschaft und Genuss dieser Reise durch dieses immer noch raue und ungezähmte Land ausmachte, und evtl. auch etwas Appetit nach dem zu entwickeln was vielleicht wenn überhaupt nur in hauchdünnem Ansatz mit schwarzen Lettern auf weißem Papier ausgedrückt werden kann.

Die Reise Stand von Anfang an unter dem Motto:

Der Weg ist das Ziel, oder auch...:

... LET IT GO WITH THE FLOW ... !

You are welcome to enjoy...!!!

ie Reise begann am 26.07. in Karlsruhe und endete dort am
16.08.2017 auch wieder. Per Lufthansa ging es von Frankfurt/M über
Chicago nach Minneapolis, und war für etwa 800.-Euro auch recht
günstig. (ein Tag später wäre der Flug wegen der beginnenden
Sommerferien um ganze 500.-Euro teurer gewesen).

26.07. (Mittwoch)
Nach Ankunft in Minneapolis wurden wir von John Winker der ganz in der
Nähe in St. Paul lebt abgeholt. Die Jetlag bedingte Müdigkeit hatte uns fest im
Griff und ließ uns nach ein paar Begrüßungsbier morgens um 2 Uhr (Ortszeit)
auch wirklich abgekämpft und müde ins Bett fallen um mit einem erwartungs-
vollen Lächeln tief ins Reich der Träume abzugleiten…

John Winkers 68er Ford Falkon vor seinem Haus in St. Paul.

…denn wir waren nun angekommen, am Ausgangspunkt unseres Trips, der uns durch die Weiten des amerikanischen Mittleren Westens führen sollte. In einem Teil des Landes an dem die Uhren anders „ticken", und der Rhythmus des Lebens sich von dem unseren in subtiler wie auch entscheidender Weise unterscheidet. Daran kann man sich schnell gewöhnen, sehr schnell…

27.07. (Donnerstag)
Nach etwa 5 Stunden Schlaf werden wir durch die Sirenen eines in der Ferne fahrenden Polizei- oder Krankenwagens geweckt. Ein Geräusch das angenehme Erinnerungen an spannende amerikanische Filme aus der Kindheit und Jugend erinnerte.
Ja, wir sind nun da, im Land der unbegrenzten Möglichkeiten.

Unsere Unterkunft in der Juno-Avenue ist übrigens nur etwa 4 Meilen von der Stelle entfernt an dem letztes Jahr am 06.07.2016 der farbige Philandro Castiles „versehentlicher" Weise bei einer Fahrzeugkontrolle von einem Polizisten mit 7 Schüssen getötet wurde als dieser seinen Führerschein aus der hinteren Hosentasche ziehen wollte. (Der Fall ging durch die Presse). Angehalten wurde Philandro übrigens nur wegen eines defekten Bremslichtes seines PKWs. Der Polizist wurde trotz der recht eindeutigen Sachlage und Bürgerproteste freigesprochen, und als Konsequenz nur aus dem Polizeidienst entfernt.
USA … auch ein Land der „unmöglichen" Möglichkeiten…

> # SO IF GUNS KILL PEOPLE, I GUESS PENCILS MISS SPELL WORDS, CARS DRIVE DRUNK AND SPOONS MAKE PEOPLE FAT.

Da aber von uns „zum guten Glück" keiner „farbig" ist und wir uns zudem vergewissert haben, dass an den Bikes auch alle Rücklichter einwandfrei funktionieren werden wir uns hierzu keine weiteren Gedanken mehr machen…

Because … shit happens every day … and everywhere !

DAS BIKE: Die Victory (V92C, BJ 1999, ID-Nr.: 379) ist eine überzeugend durchzugsstarke 1500ccm Maschine mit 58PS und hat etwas mehr als 14000 Meilen auf dem Tacho. Es ist eines der ersten Maschinen dieser Marke, das über Jahre hinweg vor allem als Ausstellungsstück im Showroom eines Händlers in Minnesota stand und von John im vergangenen Oktober extra für diesen Trip für etwa 4500.- Dollar erworben wurde. Der Sound des Motors röhrt und blubbert mit seinen offenen Endrohren durchdringend hart, ähnlich wie bei einer Harley, aber doch ein wenig bissiger und daher auch seeehr einnehmend!

Personen von links nach rechts: Karin Winker (Frau von Dan Winker), Elizabeth Winker, Dan Winker (Bruder von John und Elizabeth) und John Winker

Johns Garage in St. Paul mit den beiden Motorrädern (Victory V92C und
Honda Valkyrie, mit 6 Zylinder Boxermotor… hat nen Sound wie ne Turbine)

Meine erste Fahrt mit der VICTORY, welche wir über den angrenzenden Freeway ohne Helm unternahmen, der hier nicht zwingend vorgeschrieben ist, ging zu einem Motorradhändler bei dem ich mir aber einen besorgte.

Denn so bin ich nun mal das Cruisen in good old Germany gewohnt…

…und in meinem jugendlichen Alter von nun 50 Jahren sollte man so langsam vernünftig werden, wenn auch vielleicht nur im Ansatz… und nicht das tun wollen was von den meisten Bikern hier in so unglaublicher Unbekümmertheit gelebt wird (etwa 90% der Biker fahren hier ohne Helm!).

Daraufhin wollten wir noch einem befreundeten Indian-Händler besuchen, einen Halbindianer, der aber geschäftlich gerade in Las Vegas war…

Die Fahrt dorthin machten wir im Johns „neuen" schwarzen 1968er Ford Falcon, den er sich vor kurzem für 1500.-Dollar kaufte und schon mal soweit fahrbereit restauriert hat. Der Oldtimer quietscht und klappert zwar von vorne bis hinten, das Fahrwerk schwingt beim Beschleunigen und Bremsen wie ein rollendes Schiff bei Wellengang, aber es macht einfach großen Spaß so über die Highways zu gleiten während das Autoradio coole Klänge von aktueller Undergroundmusik zum Besten gibt, die ich so von zuhause nicht kannte…

John links und ich (Lou) rechts auf dem Parkplatz des Indianhändlers…

Es ist ein entspanntes und unterhaltsames Treiben an diesem ersten Tag.

Eine Urgroßmutter von John war mütterlicherseits, so wie es Recherchen ergaben, höchstwahrscheinlich eine Indianerin (Sioux oder Cheyenne), und das ist wohl auch einer der Gründe dafür warum hier alles relativ geerdet und ausgesprochen freundlich-familiär zugeht.

Ein kleines Highlight für mich war auch der Revolver den John von seinem Vater geerbt hat. Es ist eine 44er Magnum „Dirty Harry". Mit der Waffe könnte man mit nur einem Schuss einen Grizzlybären zur Strecke bringen. Das Abfeuern sollte man aber nur beidhändigem und mit festem Griff ausführen, da der Rückschlag absolut brachial sein soll und deshalb auch manche erfahrene Schützen von diesem Kaliber nichts wissen wollen…

Hier in Minnesota wie auch in South Dakota hat fast jeder eine oder mehrere Schusswaffen, weil es einfach zum guten Ton gehört und es fast so normal ist wie wenn wir Deutschen ein Taschenmesser in der Hose einstecken haben.

…und hier konnte ich es mir auch nicht nehmen lassen mich mit dieser seltenen und berüchtigten Waffe ablichten zu lassen…!

Abends waren wir noch mit seinen Geschwistern Pizza essen und kamen an einem Liquor Store (Schnapsladen) vorbei…

In einigen Bundesstatten dürfen alkoholische Getränke nur in solchen Liquor Stores verkauft werden. In den 70er Jahren gab es hier auch die Möglichkeit seine Getränke in einem „Drive Through Liquor Store" zu erwerben. Das ist und war aber nur einem mindestens 21 jährigen Fahrer erlaubt aber nicht dem Beifahrer. Spirituosen dürfen darüber hinaus auch heute noch nicht im Wageninnern sondern nur im Kofferraum transportiert werden.

Die Preise für Alkoholika liegen um mindestens die Hälfte höher als in Deutschland. Für ein kleines 6-Pack Bier zahlt man z.B. um die 8-14 Dollar…

Eine 0,7l Flasche „Jack Daniels Fire" kostet hier 23 Dollar (in Germany 18 €)

Andere Länder, … andere Sitten!

28.07.2017 (Freitag)

Heute sind wir ein bisschen in den Außenbezirken von St. Paul und Minneapolis herumgefahren und haben in verschiedenen Geschäften gestöbert, waren einkaufen, essen und haben die Bikes für die Tour fit gemacht…

Also ein ganz normaler Tag, … mit ein paar Impressionen von unterwegs…!

(Fotos aufgenommen in einem Outdoor-Store in Minnesota)

No comment: … or:

USA is a heaven for real weapon fans/fools and those who want to be one!

Beim Einkaufen gehen sollte man deshalb immer darauf achten, dass man möglichst den großen Einkaufswagen mit in den Laden nimmt...!

PS: Waffen aller Kaliber kann man hier auch recht günstig in Pfandhäusern erwerben, wenn sie vom Eigentümer nach Ablauf der Einlösungsfrist nicht wieder rechtzeitig abgeholt werden…

Pfandhäuser gibt es übrigens in fast jedem Stadtviertel.

Die Waffengesetze sind hier auch recht lax. Nach einer behördlichen Überprüfung, die in der Regel 24 Stunden dauert können „unbescholtene" Bürger in nahezu unbegrenzter Anzahl Waffen und Munition kaufen…

Der Tag neigt sich zu Ende, und wir sind auf der Rückfahrt im 68er Falcon…
Wir haben Freitagabend und am kommenden Montag geht es nun endlich los in Richtung Westen, zur der Megaparty, zum Mekka aller Vollblutbiker, welche wir aber über die weniger frequentierten Highways anfahren wollen.
Wann immer möglich werden wir die Freeways meiden auf denen es völlig normal ist, dass man von großen Trucks links wie auch rechts mit über 70 – 85 Meilen (110 – 140km/h) überholt wird und man deshalb auch mit mächtigen Luftverwirbelungen zu kämpfen hat, die so richtig schön unangenehm am Bike zerren können. Wir wollen die Strecke nicht auf Biegen und Brechen schnell herunterreißen, sondern daraus einen lockeren Joyride machen und unterwegs noch ein paar Leute treffen sowie interessante Plätze besuchen.

Die Streckenplanung steht, der Countdown läuft, wir sind gespannt und relaxen noch ein wenig bei einem kühlen „Colt 45" Malt-Bier in der Abendsonne.

29.07.2017 (Samstag)

Der Tag beginnt mit ausgiebig Kaffee und ein paar amerikanischen Schoko-cookies. Dann schwangen wir uns in unsere Sättel und unternahmen einem Ausflug über die östliche Staatsgrenze nach Nelson in Wisconsin um hier einen lecker-saftigen Bigburger in einer coolen Biker-Kneipe zu verspeisen.

Die Biker fahren hier fast alle extrem abgefahrene Bikes, wirklich eine schöner und heftiger als das andere, und Helme werden gemieden wie es der Teufel mit dem Weihwasser tut. Hier lässt man sich nur sehr ungern etwas vorschreiben. Sonnenbrillen und Bandanas sind auf den fett blubbernden Maschinen die Regel. Es herrscht eine Atmosphäre von absoluter Freiheit, Abenteuer, Gelassenheit und Genuss. Die amerikanischen Biker wissen auf was es ankommt.

Es überzeugt und begeistert ooohne Ende…!

Because real fun has always a taste of unchained hot spice…

Was hier im Vergleich zu Deutschland immer wieder auffällt ist, dass an relativ vielen Häusern amerikanische Flaggen zu sehen sind.
Die Amerikaner sind ein stolzes Volk, vor allem die Einwanderer der letzten Jahrzehnte bringen damit Ihre Dankbarkeit zum Ausdruck, weil sie hier eine Chance für ein besseres Leben gefunden haben…

30.07.2017 (Sonntag)

…auf der Fahrt zum Frühstück um etwa 10:30Uhr im 68er Falcon…

…letztes Briefing vor der Abfahrt am nächsten Tag in Richtung „WEST"…

31.07.2017 (Montag)

Heute wird es ernst, es geht nun los, raus aus St. Paul in südlicher Richtung…

Die Fahrt von St. Paul nach Howard wird heute über etwa 260 Meilen bzw. 420km gehen, die Vorfreude paart sich mit dem Gefühl der Ungewissheit…

Den Ride dorthin starteten wir, John auf seiner Honda Valkyrie, Elizabeth (Liz) im Ford Falcon mit dem ganzen Gepäck und ich auf der Victory, kurz nach 10Uhr morgens. Alle 60 – 70 Meilen haben wir Pausen eingeplant um uns die Füße zu vertreten bzw. unsere Fahrzeuge zu tanken. Am Himmel gab es nur vereinzelte Wolken und die Temperaturen liegen um die 29°C. Die Bikes sowie der Ford Falcon laufen tadellos. Es scheint ein recht lockerer Trip zu werden. Noch vor 14 Tagen hieß es in den Wettervorhersagen, dass es warm, ja sehr warm werden sollte. Für den Zeitraum Ende Juli bis Mitte August waren rund um Sturgis wie auch in ganz South Dakota Temperaturen von 35 – 41°C vorhergesagt worden, und das bei einer gefühlten Temperatur von etwa 43 – 44°C im Schatten. Bei dieser Info hatte ich schon ein wenig mit dem Gedanken gespielt, die ganze Sache hinzuschmeißen, denn gekocht werden wollte ich nicht, zumal es hier draußen auf dem Highway keinen Schatten gibt. Auf der Strecke gibt es zwar zum Teil schmale Telegrafenmasten und ab und an Mal ein Store, ein Farmhäuschen oder eine Tankstelle, aber diese werfen während der Mittagszeit kaum bzw. nur sehr dünne Schatten.

Aber die Vorhersage war zum Glück nicht korrekt gewesen, und das Wetter konnte nicht besser sein, es war wie bestellt. Ein Wetter für Engel, für gute wie auch für wilde dieser himmlischen Gattung, genauso sollte es sein!

… ABSOLUTELY PERFEKT !!!

Nach etwa 30 Meilen Fahrt und dem immer noch recht lebhaften Verkehr im stärker frequentierten Einzugsgebiet von St. Paul/Minneapolis, mit den derzeit vielen Baustellen auf dem Highway-13 haben wir uns mal kurz verfahren bzw. wurden fast voneinander getrennt. John war mit seinem Motorrad an einer belebten Highway-Gabelung nach links abgebogen und ich wie auch Liz mit dem Falcon sind gerade aus gefahren, da wir ihn kurz zuvor aus den Augen verloren hatten. Da wir jedoch John noch direkt nach der Gabelung auf der anderen Seite stehend und auf uns wartend sahen konnten wir den Fehler durch eine Fahrt über den Grünstreifen zur anderen Fahrbahn korrigieren.

Der Highway-13 leerte sich in Richtung Jordan langsam aber stetig und es kam immer mehr das Gefühl des „easy ridings" auf wie man es aus den Filmen der 60er und 70er kannte.

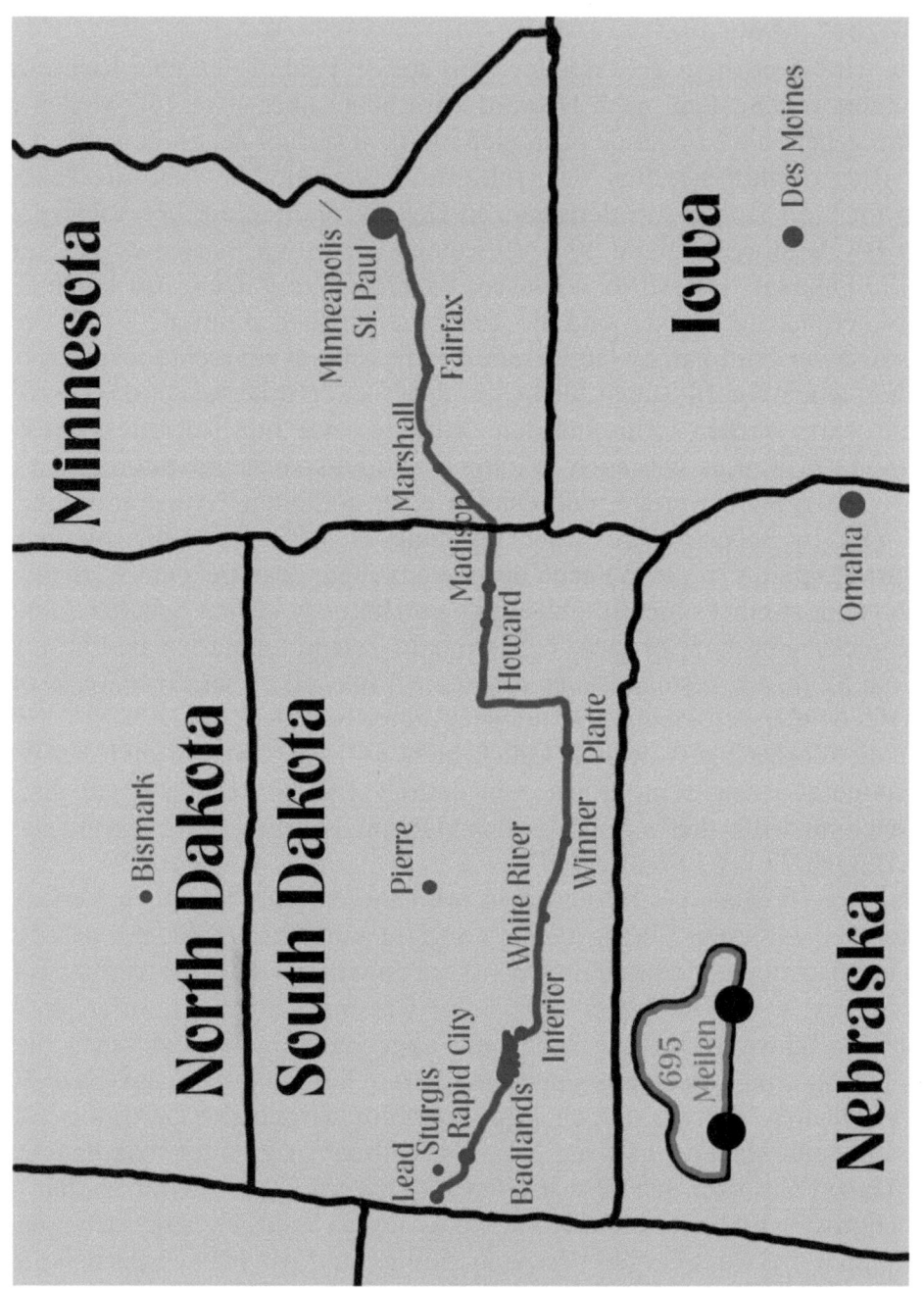

Das war unsere Route von St. Paul (Minnesota) nach Sturgis (South Dakota)

In Jordan gab es an der Tankstelle Beef Jerky und Kaffee. Der zweite Halt hatten wir bei Fairfax (HYW-44), der dritte in Marshall und noch einmal in Madison wo wir uns in einem Liquor-Store mit ausreichend Beer eindeckten. Beim STOP in Marshall legten wir uns außerhalb des Ortes in einer parkähnlichen Anlage in der Nähe der örtlichen Golfanlage mal für ne halbe Stunde in den Schatten eines Baumes ins frisch gemähte Gras um ein wenig auszuruhen und Energie für die müden Knochen zu tanken.

Anschließend fand John den Schlüssel für seine Honda nicht mehr.

Auweia, wenn wir den jetzt nicht mehr finden haben wir wegen dem nicht vorhandenen Ersatzschlüssel ein kleines Problemchen.

Es gab zwar einen, der lag aber etwa 165 Meilen östlich in St. Paul ...

Nach kurzem aber intensiven Suchens fanden wir ihn aber wieder, wohl auch nur deswegen weil die Höhe des Rasens zum Glück recht niedrig war!

Etwa eine halbe Stunde später überquerten wir von Osten kommend die Bundesstaatsgrenze nach South Dakota (SD).

SD liegt im nördlichen Teil des Mittleren Westen von Amerika.

Hier leben nur etwa 850.000 Menschen, obwohl es 60% der Größe von Deutschland hat. Es gibt hier mehr große Wildtiere als Menschen was es zum Paradies für Naturliebhaber wie auch Jäger macht.

Hier kann man noch recht deutlich den Geist des „Wilden Westen" spüren…!

Abends um etwa 20Uhr kamen wir in unserem Motel in Howard an. Die erste längere Etappe hatten wir hinter uns, wir kamen unserem Ziel ein gutes Stück näher… aber das eigentliche Erlebnis war natürlich auch der Weg dorthin…
In der Tanke neben unserem Motel, welches gleich am Orteingang liegt gab es „Jack Daniels Fire" wovon ich uns gleich eine 0,7l Flasche zur Feier des gelungenen ersten Tages/Abschnitts besorgte und das gute Nass mit meinen Freunden genüsslich die Kehle hinunter laufen ließ!

Hier ein paar Impressionen von unterwegs… at a gas station in Fairfax, SD

… a short break after filling up in Fairfax

…it`s better to give the old car a short look before starting again…!

RUSH HOUR …on a highway near Madison, in South Dakota (SD) ☺

Ankunft …abends vor dem Motel in Howard, SD

01.08.2017 (Dienstag)

Das Motel liegt direkt neben einer Tankstelle am Highway-34 auf der gelegentlich schwere Trucks durchfahren, und zurzeit auch relativ viele Biker auf ihren Harleys in Kleingruppen oder auch alleine, die aber vor allem in Richtung Westen fahren… zum ultimativen Treffen des Jahres…!

Anstelle des Sozius sind die Maschinen hinten hoch bepackt, und das Zeugs gut an der Sissybar verzurrt.

Man spürt, dass etwas in der Luft liegt, die Spannung nimmt so langsam merklich zu. Das Bild der Biker, die fast alle ohne jegliche Schutzkleidung unterwegs sind hat etwas an sich, das man nur mit einer Prozession von freiheitsliebenden Nomaden beschrieben werden kann. So etwas in dieser Art und Dimension habe ich in Deutschland noch nicht gesehen. Ob es mit der Weite des Landes oder dem Typ des amerikanischen Pioniers, der Herausforderungen und das Abenteuer liebt zusammenhängt… keine Ahnung…

Niemand hat es hier wirklich eilig, und japanische Sportmaschinen sieht man genauso wenig wie ausländische Sportwagen…

Wir sind hier in South Dakota (SD), in einem sogenannten „Fly over land" oder auch mehr oder weniger einem Indianerland, das nur relativ dünn durch den weißen Mann mit größtenteils deutscher Abstammung besiedelt ist…

An diesem Tag stand u.a. ein Besuch bei Johns und Liz Mutter in Howard mit einem abendlichen Grill-Barbeque auf dem Programm.

Hier besuchten wir auch ihren Bruder Jerry, der auf einer Farm etwas außerhalb mit seinen vier Kindern lebt. Er ist ein begeisterter und verantwortungsvoller Waffenliebhaber, der im ganzen Haus Gewehre, Pistolen und Revolvern aller Kaliber in Vitrinen, Koffern und Taschen stehen wie auch liegen hat.

Die Munition für seine Waffen stellt er zudem auch teilweise selbst her.

Nach einer interessierten Unterhaltung hat er uns nach der Sturgis-Rallye zu sich auf sein Grundstück zum gemeinsamen Schießen eingeladen.

Ich freue mich schon auf das Schießen mit seiner AK 47 (Kalaschnikov), eine spezielle Version für Fallschirmjäger, die er in seinem Pick-UP liegen hat und auf die ein oder andere Shotgun bzw. Revolver…

Aber dazu später mehr… ☺

Mit diesem Bild will ich Patty, der Mutter von John und Liz, welches wir in ihrem Hof aufgenommen haben einen ganz besonderen Ehrenplatz in diesem Buch widmen.

Sie hat uns sehr gastfreundlich empfangen, uns stets gut mit reichlich Essen und Getränken versorgt und immer ein offenes Ohr für uns gehabt.

Hier konnte ich auch noch die anderen 4 Geschwister von John und Liz kennenlernen, die alle auf ihre Art und Weise etwas sehr Interessantes und Freundliches an sich haben.

Wir haben diese gemeinsame Zeit in Howard, SD alle sehr genossen und denken gerne daran zurück.

Die Mutter hat auch einen Schlüssel für das Museum in Howard, das wir mit seinen zum Teil überraschenden Dingen, auf unserer Rückkehr aus Sturgis besuchten…

Aber auch dazu später mehr… ☺

02.08.2017 (Mittwoch)

Wie immer haben wir den Tag locker angehen lassen, und waren bei Patty der Mutter von John und Liz zu einem ausgiebigen Frühstück mit Omelette eingeladen. Anschließend habe ich noch ein paar Zeilen und Bilder für das Manuskript dieses Buch am Laptop runtergetippelt bzw. gespeichert um möglichst immer alles relativ frisch und zeitnah auf's „Papier" zu bringen…

Den 68er Ford Falcon als Begleitfahrzeug für das Gepäck und evtl. Notfälle haben wir bei Bruder Jerry gegen einen 2010 Ford Flex eingetauscht, da dieser bessere Bremsen, Servolenkung, Klima…usw. hat.

Hauptstraße (Highway-34) von Howard mit riesigem Getreidesilo!
Solche Silos gibt es hier im Schnitt alle 30-40 Meilen, in welche die Farmer ihr Getreide abliefern um es so genossenschaftlich zu vermarkten.

Heute Nachmittag werden wir nach Platte fahren (etwa 115 Miles, 184km) um einen Onkel zu besuchen. Das liegt in etwa auf dem Weg nach Sturgis und führt uns durch eine landschaftlich reizvolle Gegend.

Nach dem Tanken und einer kleinen Pause bemerkten wir, dass sich unter der Victory ein großer Fleck bildete…

Was um Himmels Willen war das denn jetzt???

Zum Glück war es aber nur der Überlauf vom Tank, bei dem wegen dem vollen Pegel und der Schräglage des Bikes auf dem Seitenständer etwas Benzin herausgetröpfelt ist…

Die Fahrt konnte nun losgehen…

Wir fuhren vorbei an endlos großen Mais- und Sojafelder mit wechselnden Gerüche von Schweinegülle auf den Feldern, oder dem leichten und feinen Duft der Anpflanzungen, und stellenweise auch der Verwesungsgeruch von den auf bzw. neben der Straße liegendem kleinere oder größere plattgefahrenen Tieren (Waschbären, Rehe, Hirsche, große Gänse, und andere kleineren Vögel) welche hier „Roadkill" genannt werden. Wenn man hier ein Stinktier überfährt, kann man noch Wochen lang den stechenden Gestank seiner Verteidigungsdrüse am bzw. auch im Auto riechen.

Der Himmel verdunkelte sich langsam immer mehr und auf den letzten 20 Meilen vor Platte fing es dann heftig an zu regnen und die Sicht wie auch der Funfaktor gingen recht schnell in Richtung „Null" dahin. John der mit seinem Bike voraus fuhr musste wegen dem feinen aber massiven Spritzwassernebel eines entgegenkommenden Truck, der ihm im Bruchteil einer Sekunde die Innenseite seiner Motorradbrille komplett beschlagen ließ rechts ranfahren, anhalten und diese trockenreiben, da er so fast nichts mehr sehen konnte.

Aber nach weiteren 7 Meilen waren wir in Platte und fanden auch gleich das Haus von Onkel Barney in dem wir uns bei gutem Bier und leckerem Grillchicken trocknen und aufwärmen konnten.

Onkel Barney ist mit seinen 77 Jahren ein echt cooler und lustiger Zeitgenosse. Er erzählte uns, dass er aus seiner Harley den 106er Motor ausbaute um ihn durch einen Screaming Eagle 110cinch Motor zu ersetzen. Aber ab einer Geschwindigkeit von 140 Meilen (etwa 220km/h) wird es ihm dann doch etwas zu schnell…☺

Seine Zeit vertreibt er sich in dem er Häuser kauft, renoviert und wieder gewinnbringend veräußert. Erst letztes Jahr ist er mit seiner Frau Conney aus Arizona nach SD zurückgezogen und ist gerade an einem weiteren Hausbauprojekt, bei dem er die Elektrik und Sanitärarbeiten übernimmt. Auch das Haus in dem er derzeit wohnt wird von ihm aufgemöbelt um es dann nach dem Umzug in die neue Immobilie zu einem höheren Preis wieder zu verkaufen.

Früher war er auch mal Produktionsleiter in einer Möbelfabrik in einem Indianerreservat. Da die Indianer dort aber keinerlei Disziplin und Pünktlichkeit an den Tag legten und das auch nicht lernen wollten war dieses Projekt nach relativ kurzer Zeit zum Scheitern verurteilt. Die Indianer kamen oft nur zur Arbeit wenn sie Geld brauchten, wenn sie dann meinten es reichte ihnen wieder kamen sie einfach nicht mehr. Die Indianer bekommen von der amerikanischen Regierung so eine Art Grundsicherung, da sie in Reservaten leben und auf große Teile ihres Landes verzichtet haben. Diese Grundsicherung, die jedoch gepaart ist mit dem teilweisen Verlust ihrer Tradition, Identität und Würde lässt viele Familien durch Entfremdung und Resignation in den Alkoholismus abgleiten und verelenden.

Aber auch eine von Barneys Vorfahren soll eine Indianerin gewesen sein, aber das ist wieder eine andere Story…

Nach einigen weiteren interessanten Geschichten aus seinem Leben, die uns immer wieder zum Staunen wie auch zum Lachen brachten, und nach all den guten Getränken wurde es für uns langsam Zeit in`s Bett zu gehen.

Die Nacht werden wir hier verbringen um am nächsten Morgen in aller Frühe weitere 350 Meilen (ca. 540km) zu unserer „Cabin" Ferienhäuschen auf dem Gipfel des „Terry Peak" Black Hills in Angriff zu nehmen…

03.08.2017 (Donnerstag)

Abfahrt um 8:15Uhr nach Terry Peak über den Missouri-River nach Winner, White River, Interior zum Cowboy Corner durch die Badlands nach Wall und wieder zurück durch die Badlands nach Rapid City und über Deadwood nach Lead zu unserer Cabin (Ferienhäuschen).

An diesem Morgen hatte zwar der Regen aufgehört und die Kleider konnten über Nacht durch ein Warmlustgebläse getrocknet werden, aber der Himmel war immer noch sehr grau und nicht gerade einladend um weiterzufahren.

Aber egal, wer zusammen mit zwei Mitstreiter ein klares Ziel hat sollte nicht zögern nur weil gerade mal die Sonne nicht scheint. Wir fuhren los und ich spürte recht schnell, dass die niederen Temperaturen und das gestrige Fahren im Regen bei mir seine Spuren hinterlassen hatten…

Beim Kurz-Stopp am Missouri-River habe ich mir einen Baumwollpulli angezogen, den uns Johns Mutter vorsorglich mitgegeben hatte. Ich fühlte mich nun etwas besser merkte aber auch, dass wenn es nicht bald etwas wärmer werden würde mich wohl eine Erkältung in Beschlag nehmen würde.

…kurz vor der Überquerung des Missouri-River, noch auf der Ostseite!

Es geht in den Westteil des Landes, der nicht mehr so grün ist wie im Osten…

Auf der Westseite müssten wir unsere Uhren, welche wir aber nicht tragen um eine weitere Stunde vorstellen (Rocky-Mountain-Time)

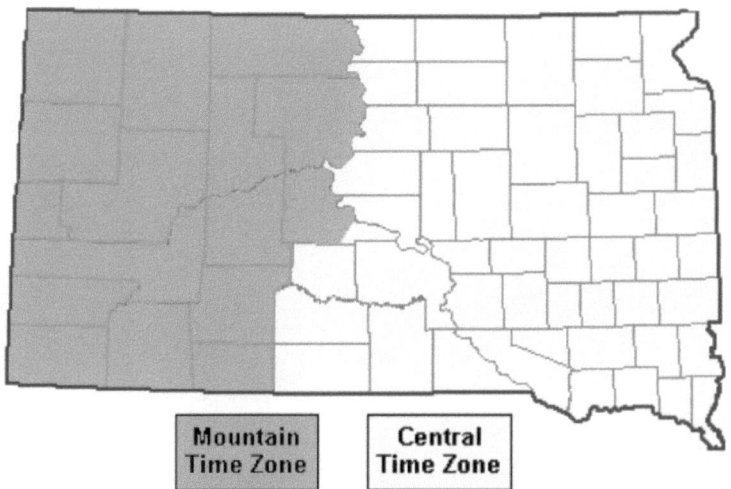

Beim nächsten Halt in „Winner" waren wir im Store neben einer Tankstelle um uns bei heißem Kaffee aufzuwärmen, mit Beef Jerky zu stärken und noch mal auf die Toilette zu gehen. Liz und John erschraken als sie in meine glasigen Augen schauten und mir meine leichte Benommenheit verursacht durch die Schwächung von der sich nahenden Erkältung ansahen. Ich sagte Ihnen, dass ich mich nicht wohl fühlte und hoffte, dass das Wetter bald etwas besser werden solle. Nach einer 20 minütigen Pause, und der Weiterfahrt in Richtung Westen fing es jetzt bei etwa 13-14°C auch noch an leicht zu nieseln. Aber nach etwa einer halben Stunde wurde es trockener und der Horizont hellte sich allmählich auf, auch die Temperaturen stiegen etwas an.
Ich spürte eine deutliche Erleichterung und mein Unwohlsein und Schwächung wich einem guten und stabileren Gefühl der Besserung.

Den nächsten Tankstopp hatten wir in White River an dem wir wieder genügend Kaffee aus Pappbechern tanken und mit paar Biker quatschten, die alle auch nach Sturgis wollten. Die Biker hier sind irgendwie anders drauf als in Europa, die meisten sind echt cool, gut gelaunt und gerne zu einen kurzen lockeren Gespräch bereit. Als sie erfuhren, dass ich aus Deutschland komme waren sie wohlwollend angetan und wünschten uns anschließend mit erhobenem Daumen und einem freundlichen Lächeln einen „GOOD RIDE" … ☺

Etwa die Hälfte der Strecke nach Sturgis war geschafft und das Wetter wie auch die Temperaturen wurden zum guten Glück angenehmer!

Kurz nach dem Tankstopp in White River rannte direkt vor uns ein mittelgro-ßer Hund über die Straße. Eine Notbremsung verhinderte schlimmeres, denn vom Timing her hätte es genau gepasst, dass wir, John und ich wohl oder übel von unseren „Mühlen abgestiegen" wären. Diesem schwarz-weiß gefleckten Streuner trieb es im Gegensatz zu uns wohl eher nicht den Puls in die Höhe.

Er wollte einfach nur jetzt und sofort über die Straße laufen, was er auch in etwa 1–2m Abstand vor uns mit leicht irritiertem Blick tat. Das gleiche sollte uns noch zweimal mit Antilopen in der Nähe der Badlands passieren, welche auch unvermittelt sehr knapp vor uns die Straßenseite wechseln mussten.

Tankstopp in Interior an der Tanke „Cowboy Corner", ganz in er Nähe der Badlands. Es tauchen immer mehr Biker auf, die wir an den Tankstellen traffen, die allesamt nur eine Richtung kennen … STURGIS (SD) …!

Schnappschüsse in bzw. bei der Tankstelle „Cowboy Corner" in Interior…

… der Weg und die vielfältigen Eindrücke ist es was es ausmachte…!
Von der Tankstelle aus kann man von weitem schon die Badlands erkennen.

…und die kurvigen Straßen im Ödland sind auf ihre Art wunderschön…!

Fahrt durch die Badlands nach Wall mit manch reizenden Zwischenstopps…

…direkt in der Mondlandschaft, die man einfach auf sich wirken lassen muss!

In Wall gab es echte Buffalo-Burger mit gut gehopftem Bier zur Stärkung…

Ein „Jackolope" in einem Store in Wall (Hase mit Geweih und Hühnerfüssen)

Fahrt über eine nicht asphaltierte Straße (Schotterpiste)…
Wir nahmen die Abkürzung, da es schon recht spät war und wir unsere Unterkunft noch vor Einbruch der Dunkelheit erreichen wollten.

Als wir an diesem Abend um ca. 20:30Uhr zu unserem Ferienhaus in Lead/Deadwood ankamen hatte es nur noch 47°/F (etwa 8°C) und ich sah zu, dass ich im Holzofen schnell das wärmende Feuer an bekam. Der Tag war sehr gut verlaufen und wir hatten ganze 349 Meilen geschafft (ca. 560 km)

Ankunft in der Cabin (Ferienhaus) in Terry Peak (Terrasse auf der Rückseite)
➔ 5 Übernachtungen für insgesamt 1800.-Dollar (Hauptsaison/Bikeweek)

Das beste Bier ist jenes, das man nach einem harten Tag eiskalt trinkt,
während man in einem „heißen" Jaccuzi-Bad hinter dem Holzhaus relaxt!!!

Auch innen ist das Häuschen geräumig und sehr gemütlich…

John vor seiner Honda Valkyrie und ich neben der Victory beim Ferienhäuschen in Lead (Deadwood) auf dem Terry Peak in etwa 2000m Höhe.

04.08.2017 (Freitag)
Spearfish Canyon (wie Schwarzwald) langgezogene Kurven + breite Straßen,
nachmittags kurzer Abstecher nach Sturgis zur Main Street & Buffalo Chip !

05.08.2017 (Samstag)

An diesem Samstag war das Wetter nicht so gut und wir beschlossen den Devils Tower in Wyoming zu besuchen (61° F / 16°C und Regen auf der Rückfahrt). Abends gingen wir dann ins FIREHOUSE (Brauerei in einem ehemaligen Feuerwehrhaus) in Rapid City und haben das dort gebraute Bier gecheckt.

Fahrt mit dem Ford Flex durch die Black Hills nach Wyoming

…unterwegs getroffenen Biker…!

Devils Tower aus der Ferne (264m hoch, ein indianisches Heiligtum)

Devils Tower aus relativer Nähe…

Elizabeth Winker, ist u.a. auch eine gute indianische Flötenspielerin…!

Langhornrind in der Nähe vom Devils Tower…

Frei lebende Büffel in der Nähe vom Devils Tower…

…unterwegs getroffene Biker…!

Eines von vielen Bikes am Devil Tower Parkplatz…

Rückfahrt von Wyoming nach Deadwood/Lead auf dem Interstate-90

Indianische Kunst… in einem Store in Rapid City

…try to get him… den vor dem Cop flüchtenden Indian auf der Indian …! ☺

Im "Firehouse" (Brauereigaststätte) in Rapid City…

…und wieder geile Bikes … vor dem Firehouse… and they are very loud!

… und die Biere dort schmeckten gut…

…sehr gut, … fast zu gut!!! ☺ ☺

06.08.2017 (Sonntag)

An diesem Morgen waren die breiten und langgezogenen Kurven der Nemo-Road dran…, und die sind wirklich ein echtes Gedicht, reizvolle Natur mit schroffen Felswänden neben üppigem Baumbestand, und vor allem viele Biker, die alle samt das gleiche wollen, auf den Straßen entlanggleiten und die Kurven mit „dampf" nehmen wie und wo sie gerade kommen.

Zur Mittagszeit waren wir in Sturgis und haben uns unter das Bikervolk gemischt, uns darin „verloren" und es durch und durch genossen…

Auf der Main Street des normalerweise kaum 7000 Einwohner zählenden Ortes ist die Hölle los. Harleys, soweit das Auge reicht. In vier Reihen parken die Eisenhaufen aus Milwaukee: Mühle an Mühle an beiden Straßenrändern, in der Mitte stehen sie Vorderrad an Vorderrad. Die schmalen Gassen dazwischen dienen als Flaniermeile „Blubber, blubber" – bassschwanger zuckeln die Maschinen auf und ab, jede so einzigartig wie ihr Fahrer: Vor Chrom strotzende Tourer, gestretchte Dynas, verbreiterte Fat Boys, minimalistische Sportster, bis zur Unkenntlichkeit verbaute Irgendwas, bei denen nur noch der V2-Motor auf Harley erinnert. Obenauf thronen Muskulöse, Dürre, Dicke, Bärtige, Glatzköpfige, Tätowierte, Rasierte und auch Halbverrückte – Männer und Frauen, die auf den ersten Blick neben der Leidenschaft zu V-Twins nur der entrückte Blick und ein mehr oder weniger ausgeprägter Sonnenbrand eint.

An den Straßen stehen Polizisten, die von überall her aus den USA angefordert wurden, da Sturgis selbst nicht mal 20 eigene Cops hat. In erster Linie regeln sie den Verkehr, achten darauf, dass die schleichenden Mühlen auch tatsächlich an den Stoppschildern kurz anhalten. An den Bikes zeigen die Cops allenfalls privates Interesse, dienstlich brauchen sie hier nichts zu reklamieren.

Erlaubt ist, was gefällt – und vor allem was gut klingt. Da geht es dann auch ohne Vorderradbremse und mit leer geräumten Auspuffstummeln. Schalldämpfer in den Auspuffen? Da lacht Officer Lee Gates: „Das wird in Deutschland wirklich verlangt? Mann, wir sind hier in einem freien und relaxten Land", sagt er und nimmt einen Schluck aus seiner Wasserflasche. Die einzige wichtige Regel für Biker in SD: Wer ohne Helm fährt – was ab 18 Jahren jeder darf und auch tut – muss zum Schutz der Augen eine Brille tragen. Auch sonst ist spärliche Bekleidung angesagt, die Vorgaben hier: Höschen und verdeckte Nippel. Zumindest tagsüber halten sich auch die meisten daran.

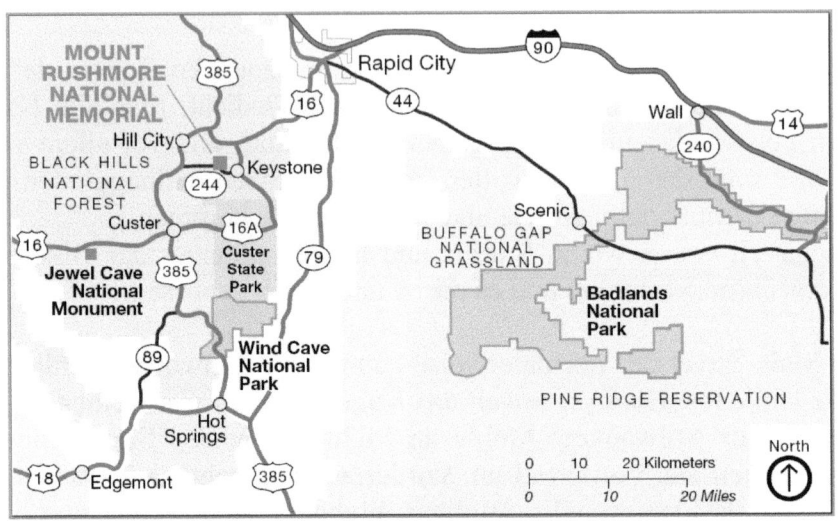

Auf den folgenden Seiten gibt es nun vor allem Impressionen vom Treiben auf der Main Street in Sturgis und Umgebung…,

… denn Bilder sagen einfach viel mehr als 1000 Worte…!

Yesssssssss !!!

STURGIS … the „real" PARTY!!!

Main Street in Sturgis… die Luft brennt vor heißer Vorfreude und Spannung!

…Bikes, Bikes…

…und nochmal Bikesss…!

Main Street und alle umliegenden Straßen waren fast vollständig zugeparkt.

Man tut hier im Grunde nur das was gefällt… was sonst?!!!
…und die Polizei hält sich dabei seeehr zurück…

Sehen und gesehen werden… the show is going on…

…schrill und krass!

Kaum ein Augenblick ohne faszinierende Eindrücke…!

...jeder macht mit, niemanden lässt es kalt...

Getränke satt, und schnell wieder zurück nach „Schlumpfenhausen"...

…und immer wieder Lust auf mehr…!

Nackte Haut wird gerne mal schnell bemalt und präsentiert…

…alles cool…!

Sturgis war früher ganz anders…

Vor Achtzig Jahren war Sturgis ein unbekanntes, rückständiges und verschlafenes Kaff am Rande des Highway 34, in dem die glorreiche Vergangenheit das überragende Thema der Gespräche war. Etwas nördlich von Deadwood gelegen wurde Sturgis in den 1850er Jahren von Leuten gegründet, die auf der Suche nach Gold waren, und sich hier einen schnellen Reichtum erhofften. Hier lebten früher vor allem Bergleute, Träumer und Bar-Damen/Tänzerinnen, die auf das Glück des gelben Erzes hofften, welches man hier aus den Minen in der Umgebung der Black Hills förderte.

Viele von ihnen starben in grausamen kalten Wintern, einige von ihnen fielen den Pfeilen oder Beilen der Indianer zum Opfer - Schwarzfußindianer, Cheynenne und Sioux – provoziert durch die Invasion des weißen Mannes ihrer heiligen Heimat. Andere starben, wie sie leben, in bitterer Armut, durch Krankheit und Elend, ihre Hoffnungen und Träume zerplatzten wie Seifenblasen auf dem Boden der Realität. Nur die Starken, oder diejenigen welche sehr viel Glück hatten überlebten. Männer wie z.B. der legendäre Bill Hickok, Revolverheld und Spieler, der von einer Kugel eines Unbekannten beim Pokerspiel getötet wurde. Dies waren Männer, die für den Moment lebten, die hart gearbeitet und/oder riskant gespielt hatten. Die oft alles nur auf eine Karte gesetzt haben. Kein Wunder, dass sie von den Indianern gehasst wurden, diese gesetzlosen Plünderer aus den Städten des Ostens, diese Männer, die von der Waffe und vor allem der Gier getrieben wurden. Aber Gold zieht eben solche wagemutigen Glücksritter an, und die Gier nach immer mehr trieb diese Männer aber auch zu außergewöhnlichen Leistungen. Das Leben war hart und Helden härter. Sie mussten so sein, denn sie hatten kaum eine andere Wahl. Das ist aber alles schon sehr lang her und der Goldrausch schon längst Geschichte…

Ironischerweise war es gerade die verschlafene Abgeschiedenheit der Black Hills Siedlungen, welche den Namen Sturgis bald wieder sehr bekannt machen sollte. JC "Pappy" Hotel, oder einfach nur Pappy wie ihn seine Freunde nannten war von der damaligen Situation mehr als gelangweilt. Er hatte es satt sein Leben mit warten zu vergeuden in der Hoffnung, dass es evtl. irgendwann mal besser werden könnte. Pappy war ein Biker, ein Indian-Fahrer, ein Member der „MC Rapid City", und ebenso ein richtig cooler „Macher-Typ".

Es begann alles im Jahr 1936, also noch ein paar Jahre vor dem zweiten Weltkrieg, als Pappy und seine Freunde die ersten Pläne schmiedeten. Sie wollten irgendwo abseits der Straße Rennen fahren und das möglichst so, dass sie nicht Gefahr liefen vom Sheriff „Tickets" zu bekommen. Denn für die heißblütigen jungen Männer war in der Stadt kaum etwas geboten bei dem sie sich austoben konnten. Das einzige Problem war nur, dass sie keine Rennbahn hatten um ihren unbändigen Drang nach Geschwindigkeit auszuleben.
Oder etwa doch…?

Auf dem Messegelände, in Sturgis, direkt vor ihrer Nase, gab es eine alte Halbe-Meile-Ovalrennstrecke. Diese alte Rennstrecke, welche seit dem Motorsportboom der frühen 1900er Jahren nicht mehr genutzt wurde war aber inzwischen vollständig von Büschen und Unkraut überwuchert.
Das war für die jungen Männer doch die perfekte Lösung…
Die Jungs gingen an die Arbeit um diese Rennbahn so schnell wie möglich wieder befahrbar zu machen. Es war keine leichte Aufgabe, denn die Mittel waren knapp, die „Rapid City Biker" hatten kaum Geld, und die Handelskammer wollte ihnen auch keinen Zuschuss geben. Aber irgendwie bewältigten sie die Arbeit bevor der erste Schnee fiel und der Winter einsetzte. Im darauffolgenden Jahr beschlossen sie ihre Idee zu vermarkten, indem sie planten daraus ein jährliches Ereignis zu machen, mit dem Namen „Die grandiose Black Hills Motor Klassiker". Die ordnungsgemäße Beantragung dafür erfolgte keine 12 Monate später, wofür sie dann auch den Segen der Sport`s Dachverbandes, der American Motorcycle Association erhielten. Die „Black Hills Motor Classic" bekam eine offizielle AMA-Genehmigung für das im Jahr 1938 geplante Halbmeilenrennen. Der „MC Rapid City Motorcyclists" wurde dann noch kurzerhand in „The Jackpine Gypsies MC" umbenannt, und Bikerfreunde des AMA Clubs zu den Sommerrennen eingeladen. Um das Meeting noch etwas attraktiver zu gestalten wurden ein formeller Stadtumzug mit Kapelle und verschiedene Imbissstände aufgebaut. Das war nun der Grundstein für die größte Motorrad-Rallye der Welt.

Aber am Anfang lief noch nicht alles rund. Denn schon nach ein paar Jahren als die Black Hills-Klassik so langsam bekannt wurde, bombardierten die Japaner im Dezember 1941 Pearl Harbor. Das hatte zur Folge, dass es zu einer Benzinrationierung kam und die Rallye deshalb für die nächsten beiden Jahre pausieren musste. Aber, wie das alte Sprichwort schon sagt, kann man kein wildes Pferd oder einen guten Mann aufhalten - oder in diesem Fall Männer! Mit unbändigem Willen waren die „Gypsies" zurück und arbeiteten härter als zuvor um den dauerhaften Erfolg ihres Vorhabens sicherzustellen. Natürlich war damals alles prima und ordentlich. Die in Sturgis ansässigen Biker nahmen ihr Rennen ernst, auch nachdem in den vergangenen Jahren sich die Vorkommnisse von Hollister ereigneten, und die Harley-Fahrer seit dem mehr als eine Art aggressives Gesindel angesehen wurden. In Sturgis ging es zu dieser Zeit noch alles sehr gesittet, geordnet und anständig zu, und zwar auf und abseits der Strecke. Damals war wildes und ungezügeltes Verhalten auf den Straßen, trotz des Filmklassikers „The Wild One" im Jahr 1954 noch so gut wie unbekannt, und nasse T-Shirt-Wettbewerbe gab es auch nicht. Hier war es nicht wie in Kalifornien, wo es schon damals in den Fünfzigern und Sechzigern Probleme mit Biker-Rowdys gab. Dies war Sturgis, South Dakota, eine respektable Kleinstadt. Hier hat man zwar einen gelegentlichen Zustrom von "motorradverrückten Jungs" akzeptiert, aber man war im Grunde ziemlich bieder und akzeptierte kein Spucken, Fluchen oder das Anmachen von verheirateten Frauen. Die größten „Crowdpullers" waren damals, abgesehen vom Rennen und Reiten, die besten „Dressed Riders" und „Best Turned Out Clubs" Wettbewerbe, und das ist ein großer Unterschied zum heutigen „going-on" während der Bike Week.

Einige wünschen sich diese Zeiten der frühen fünfziger Jahre gerne wieder zurück, als Sturgis noch eine relativ kleine, gesellige Angelegenheit war. Es war ein Treffen von einer überschaubaren Anzahl von Menschen, die mehr Wert auf Eleganz als auf Alkohol legten. Aber die Zeit geht unaufhaltsam weiter und hat ihre eigene Dynamik. Als die Biker in Daytona aber immer mehr von dem harten Vorgehen und den Problemen mit der Polizei genervt waren, wichen sie allmählich nach Norden, nach Sturgis aus. Sie waren auf der Suche nach etwas weniger formalem, nach etwas lockerem und freizügigerem was aber auch nicht im Sinne der Gründervätern der Sturgis-Rallye stand.

Immer mehr Biker kamen nach Sturgis und bereiteten den Veranstaltern Sorgen. Es waren bald sehr viel mehr Biker in der Stadt als dort Einwohner lebten, und es kam dadurch auch immer öfters zu Problemen mit der Polizei. Zwischen den Parteien schaukelte es sich immer weiter auf und die Biker begannen auch hier verstärkt Tickets zu bekommen. Falsch geparkte Motorräder wurden abgeschleppt, es kam zu Verhaftungen und Campingplätze wurden vor dem Event verbrannt. Die ganze Situation begann zu überhitzen, bis sich zu guter Letzt die Gemüter wieder beruhigten und man einen gemeinsamen Konsens fand.

Die Behörden begannen schon allein aus rein wirtschaftlichen Gründen die Veränderungen langsam zu akzeptieren. Ende der siebziger Jahre tauchten mehr als 25.000 Biker in den Black Hills auf, und fünf Jahre später war der Andrang der Menschenmassen so stark angewachsen, dass die Nationalparks, die bisher ein beliebter Campingplatz waren, aufgrund des Schutzes von geschützten und empfindlichen Tieren zu verbotenen Gebieten erklärt wurden. Über Nacht blühten private Campinggelände auf und stellten den müden Reisenden eine Bleibe im Vorgarten oder hinter dem Haus zur Verfügung, da es einfach nicht genügend Hotel- und Motelunterkünfte in der etwa 7000 Einwohnern zählenden Kleinstad gab.

Es ist eine Herausforderung, die jedoch immer wieder gut bewältigt wurde, trotz der temperamentvollen Situationen, die eine Großveranstaltung dieser Art mit sich bringen. Die Bikeweek verlief während der letzten Jahrzehnte immer relativ störungsfrei obwohl es wegen dem steigenden Massenandrang und der damit potenziellen Gefahr nie zur Katastrophe kam. Die Nachsicht der indigenen Völker der Black Hills, angesichts dessen, was die jährliche Invasion einer gewaltigen Armee von Biker und eine „8 tägige Besatzung" mit sich bringen ist wirklich bemerkenswert, ungeachtet der Tatsache, dass während dieser Zeit dort mehr Geld ausgeben wird als in den restlichen Wochen des Jahres zusammen. Deshalb liebt South Dakota auch die amerikanischen wie auch alle Biker aus Übersee und sieht sie als Segen auf zwei Rädern an.

Die Haltung der Polizeidienststelle spiegelt das Treiben an der Bikeweek wieder. Sie machen keine Pause nur weil der „Zirkus" in der Stadt ist. Sie halten sich zwar sehr zurück und verhalten sich bezüglich der politisch sensiblen Art der Veranstaltung bemerkenswert zurückhaltend. Zwei Tage vor dem Start der Rallye veröffentlichte das Rapid City Journal mal einen Bericht mit dem Titel "LAWMEN BRACE FOR PROBLEM" unter Angabe der Worte von US Marshall Gene Abdallah: Alkohol, Benzin, Drogen und Pistolen:
Diese Kombination führt meines Erachtens zu möglichen Schwierigkeiten ...
Es geht schon seit Jahren weiter - die Rivalitäten zwischen verschiedenen Clubs und Banden, und wenn man sie alle zusammen nimmt, sind sie ein Pulverfass für richtig potenzielle Schwierigkeiten.
Denn die Kombination von Glücksspiele, Trinken, Drogen, Waffen und die Möglichkeit von illegalen Rennen ist das Potenzial für das eigentliche Problem, den vielen Verkehrsunfälle…

Die Bundespolizei fühlt sich von der Bikeweek immer irgendwie gestört.
Sie mögen den Trubel und die Biker nicht, und sie mag es auch nicht, dass die örtliche Polizei nicht alleine mit der Veranstaltung klar kommt und durchweg Unterstützung benötigt, da sie die besser ausgestatte Behörde ist.
Hinzu kommt, dass die Außenstellen von ihren eigenen Beamten besetzt werden müssen - dem US-Marshall-Dienst, dem Federal Bureau of Investigations, der Drug Enforcement Administration und der Alkohol-, Tabak- und Schusswaffenverwaltung. Während dieser Zeit haben sie immer alle Hände voll zu tun und werden zu Dingen herangezogen, die sie ohne die Bikeweek in dieser geballten Form nicht zu bewältigen hätten.

Die Politiker glauben aber, dass jeder nur eine gute Zeit haben will, und aus diesem Grund denken sie auch, dass sich die Menge mit ihrer in den letzten Jahren gezügelten Grunddynamik ganz gut selbst regelt, womit sie auch im Großen und Ganzen Recht behalten ...
Die Stadtverwaltung freut sich auf diese jährliche Veranstaltung so sehr wie die Biker. Die Mehrheit der Menschen, welche die Motor Classic besuchen sehen das ähnlich, denn sie respektieren das Gesetz und versuchen das gute Grundgefühl mit den anderen Rallye-Besucher zu teilen...

Wir haben alles im Griff propagieren sie Jahr für Jahr. Die Leute werden sich hier sicher fühlen, eine tolle Zeit haben und sich keine Sorgen machen müssen. Sturgis ist inzwischen ein Markenzeichen und ein voller kommerzieller Erfolg. Wie könnte es anders sein, mit all den gutgelaunten, freizügigen Besuchern, die zum Teil von weit her in die Stadt strömen, und sich hier kostet was es wolle eine coole und relaxte Auszeit gönnen, bevor sie sich wieder auf ihre Bikes schwingen und in den Sonnenuntergang gleiten!

Aber die Bikeweek ist auch der Beweis, dass es hier nicht nur um eine für die Veranstalter sehr rentable Party geht - es ist auch ein positiver Beweis, dass sich brave Bürger und Biker zumindest für eine Woche gut vertragen und sich gegenseitig akzeptieren können, so dass es zu keinen unnötig eskalierenden Konflikten kommen muss. Es ist eine Hommage an die Männer und Frauen, die alles gegeben haben, um eine Legende aufzubauen - eine Legende, die STURGIS heißt!

Modeerscheinungen kommen und gehen, aber Sturgis wird immer größer, wichtiger und beliebter bzw. bleibt was es ist – eine Legende!

Sturgis war vor diesem Event ein total verschlafenes Kuhdorf, aber durch die Rallye wurde sie zur größten Party des nördlichen Mittleren Westens, eine Oase des Harley-Cultes, ein Fest bei dem sich Biker und Ihre amerikanischen Motorräder selbst feiern.

Alkohol darf nach wie vor nur in den Kneipen getrunken werden.

Man erinnert sich noch gerne mit wohliger Gänsehaut an die wilden 70er Jahre, in denen der eigentliche Mythos von „STURGIS" geschaffen wurde.

Diese Zeiten sind zwar längst vorbei, aber die Geschichten von damals ist das Elixier, welches dem Event bis heute die mystische Anziehungskraft gibt…

So ein Massenauflauf an Harleys hab ich seitdem nie wieder gesehen. Am Mount Rushmore gab es sogar einen eigenen Parkplatz und Einfahrt für die Biker. Aber es ist nicht nur in Sturgis was los, sondern auch in den umliegenden Städten und Dörfern, und überall dasselbe Bild: Die Straßenränder vollgeparkt mit Bikes, und es sind wirklich die urigsten Leute unterwegs. Abends gibt es Partys die doch recht heftig abgehen, zumindest für US Verhältnisse. Nach Sturgis selber kommt man nur mit dem Auto oder wegen der fehlenden Parkplätze am besten per B i k e. ☺

Motels sind weit und breit zu horrenden Preisen belegt, auch auf den Campgrounds gibt es kaum noch Platz für die anrückenden Horden von Motoradfahrern, und im Campground des „Buffalo Chip" geht es am heftigsten ab...

Auf den Campingplätzen außerhalb der Stadt, wo der lange Arm des Gesetzes nicht hinkommt, gelten ganz andere Spielregeln "Show US YOUR TITS" !!!
Das ist ne klare Ansage und das positive Echo ist in der Regel garantiert.
Hier ist nicht der Ort an dem sich Moralapostel und Priester wohlfühlen würden, hier ganz bestimmt nicht, denn hier tut man was gefällt, und das möglichst vollkommen zügellos. Alle hier beten nur den einen Gott an, der ihnen die Möglichkeit gibt sich außerhalb der Gesellschaft zu begeben, um dort ihren eigenen Werten zu huldigen, sofern sie an überhaupt etwas glauben...

Dieser Gott hat zwei Zylinder und in seinen Adern fließt „gasoline and oil...!

Es sind Hundertausende, die sich über die Bikeweek sehen und feiern lassen…

…auch der Kriegsveteranenclub ist hier tatkräftig involviert…!

Sehen und gesehen werden heißt hier das Spiel…

Die Luft ist schwanger von Benzin und Donnerhall …

…denn das tiefe sonore Röhren der Motoren gibt den Takt an.

Es gibt fast nix was es nicht gibt…

Die Temperaturen liegen bei etwa 25°C, was für die Bikeweek hier ausserge-
wöhnlich mild ist. Normalerweise hat es zu der Zeit um die 35°C oder mehr...

Konturen die einen Biker einfach nur begeistern können ...

Aus einem der Bikes läuft Benzin, die „Cops" schauen mal nach
was da los ist… bzw. ob es sich um etwas größeres handelt… but alles easy!

Helme sieht man hier nur selten, und die Auspuffrohre sind offen…

Kleinere Reparaturen werden an Ort und Stelle erledigt…

Wenn schon ein Helm dann möglichst nur einen ganz Speziellen…

Was braucht man mehr…?!

…gut gelaunte und gechillte Typen … what else…?!

Gegrillte Spezialitäten locken…

…abgefahrene Bikes an jederrr Ecke…

USA, das Land…

...der fast unbegrenzten Möglichkeiten!

No Limit... einfach nur...

…wild, wild West!

…und alles immer schön prickelnd…!

…und auch schön bunt sollte es sein…!

Auch viele der Frauen drehen hier mal gerne feste am Gashahn…

...oder lassen drehen!

...die Cops sind recht passiv und lassen dem „guten Spiel" seinen Lauf...

…und relaxen auch bei den schrägsten Bikes…

Vater und Sohn beim Familienausflug…!

Es ist wie bei einem Magnet, der einfach viele unwiderstehlich anzieht…!

… ab auf die Main Street, …zur Party, zum Fest…!

Sonnenbrille tragen ist beim Bike fahren in South Dakota Pflicht!

Aufnahmen etwas entfernter vom Zentrum…

…kaum einen Augenblick ohne den donnernde Sound eines V-Twins…!

Riding, riding, riding… world of gasoline and thunder…!

…und coole wie auch crazy T-Shirts zu Hauf…

Der Mann für den rechten Glauben ist auch ganz vorne mit dabei…

Das ganze hier ist eine fast durchweg „gepflegte" Angelegenheit…

Der Mann mit dem zusammengebundenen Bart wollte sich und
sein cooles lila Bike auch gerne in dem Buch verewigen lassen…!

… die „Cops" sind hier nur Randfiguren und werden für die Bikeweek aus dem ganzen Land verpflichtet. Vor und nach diesem Event ist der Ort mit seinen etwa 7000 Einwohnern äußerst ruhig. Die Geschäfte verdienen in dieser Zeit das Geld, wovon sie den Rest des Jahres gut leben können.

Alle machen mit…

...und haben ihren Spaß.

Die wirklich wilden Jahre (70er und 80er) sind vorbei.
Damals türmten Hardcore-Biker auch gerne mal japanische Maschinen
auf um sie an Ort und Stelle anzuzünden…!

He is the right guy, because he's maybe a priest or something similar… :-P

...ob auf zwei oder drei Rädern ... sie rollen/gleiten alle... quite relaxt...

…pleasure…

… and joy!

Wozu die fast kurvenlose Route 66 runterreiten, wenn man in Sturgis so richtig schön ausdauernd lang und abgespaced feiern kann?!

Die Route 66 ist ein Traum für viele deutsche/europäische Biker und Nostalgiker. Richtig rund ist der Mythos aber erst, wenn man die gut 4000km quer durch die USA auf einer Harley Davidson abfahren kann.

Das Fazit ist aber für viele oft sehr enttäuschend, da die Strecke durch öde und vom eigentlichen Durchgangsverkehr abgehängte Käffer und meist schnurgeraden Highways führt…

Die Route 66 lebt eigentlich nur noch von ihrem zweifelhaften morbiden Charme… Wirkliche Harley-Freunde können es da viel einfacher und interessanter haben, ohne sich jeden Abend mit Schmerzen am Hintern zu quälen! ☺

Sturgis – Was ist das?

In dem beschaulichen und kaum 7000 Seelen großen Städtchen steigt nämlich alljährlich das größte Harley-Davidson Festival der Welt. Von fernöstlichen oder britischen Bikes weit und breit kaum eine Spur - in Sturgis regiert Anfang August vor allem die Kultmarke Harley! Im August 2017 trafen sich dort zum 77. Mal rund 420.000 Anhänger der Freiheit auf zwei Rädern zum Feiern, Protzen und Abgas schnüffeln! Ein Großteil der Biker kommt natürlich aus den USA, aber auch Harley-Verrückte aus Südamerika und Übersee wie z.B. Europa und Australien machten sich auf die lange Reise, um vom 4.8. – 12.8. ihrer Leidenschaft zu frönen.

Bizarre Rituale

Mal abgesehen davon, dass in Sturgis kaum noch ein Fleckchen Platz verfügbar war und manche Einheimische ihre Vorgärten als Zeltplätze vermieteten, sorgten die zu Hauf tätowierten und vollbärtigen Kerle für ein nicht zu überhörendes Spektakel. Was sich tagsüber auf den Straßen und Saloons anbahnte wurde nach Sonnenuntergang nicht nur durch Massen von Alkohol oder freizügigem Treiben ausgelebt. Hier konnte man den Alltag weit hinter sich lassen und das tun von dem man das ganz Jahr nur träumte. Die ganze Atmosphäre war erfüllt von knisternder Hitze, Freiheit und voller Elektrizität des begeisterten Zusammentreffens von Gleichgesinnten, für die ihr Bike eine Art Erfüllung darstellt für das es sich schon ganz alleine zu Leben lohnt…
Ride to life and life to ride… that`s it…!

Auffallen um jeden Preis

Heiße Tattoos, scharfe Piercings, extrem laute Maschinen: das alles ist beim Harley-Davidson-Treffen an der Tagesordnung. Wer auffallen will (und das wollen viele) muss schon richtig kreativ sein – oder eben exhibitionistisch! Heiße Katzen präsentieren sich in einem Hauch von Nichts oder nahezu völlig durchsichtigen Negligees. Wem das aber immer noch nicht reicht, kann seinen Blutdruck zwischen „echten Kerlen" beim Wet T-Shirt Contests oder Frauen-Schlammcatchen in Wallung bringen. Es gibt hier auch ein sogenanntes „midget bowling", bei dem man Zwerge bzw. kleinwüchsige Menschen als eine Art Bowlingkugel „benutzt" um damit Kegel umzuwerfen. Neben bizarren Ritualen und viel feuchter nackter Haut werden die Bikes aber auch gerne mal ausgefahren - die Gegend um Sturgis, vor allem in den Black Hills eignet sich dafür wirklich prächtig!

Sturgis und Umgenbung gilt als echtes Bikerparadies

Die geilen Feuerstühle werden aber nicht nur zur Schau gestellt, sondern auch des Öfteren ausgeritten. Rund um Sturgis gibt es herrliche Straßen inmitten des Badlands-Nationalparks mit absolut atemberaubenden Landschaften. In einer knappen Stunde erreicht man den Mount Rushmore, Iron Mountain Road, Custer State Park, Needles Highway, Spearfish Canyon oder bestaunt die freilebenden Büffelherden entlang der Straßen – und anders als bei der Route 66 gibt es hier viele und wirklich gute und berauschende Kurven!

Vor allem ist das hier eine wirklich richtig lebende Legende und nicht nur ein Mythos wie die langsam verblassende „66", welche seit 1974 durch eine neue Interstate ihre Daseinsberechtigung verlor und nun vor allem zu einer Touristenattraktion mit einem zum Teil sehr schlechten Straßenbelag verkommen ist.

Wenn schon US-Highway dann kein toter Mythos sondern eine lebende Legende – STURGIS pulsiert geradezu vor kraftvollem Leben…! ☺

Es kommen immer mehr Biker in die Stadt…

Von 16 bis 88 Jahren ist alles mit dabei…

…blankes Metall mit seiner innenwohnenden Kraft und formschönen Erotik…

…die Straßen füllen sich…

…es zieht mehr und mehr Partypeople an…!

Extrovertierte Typen sind hier voll und ganz zuhause!

Coole Frauen und ihre fetten Maschinen…

…im Schatten lässt es sich am besten chillen…!

…heiße Leckereien wo man auch hinschaut…

Einfach nur gut…

… Musik, Bier und überall das dumpfe Blubbern der fettesten Motoren…!

Family Restaurant…, …und auch schön vornehm mit gelben Zylinder…!

Reizende(s) …

…und alte Maschinen…(HD von 1922) !

Der Strom der Rider, welcher in die Stadt drängt reißt nicht ab…

… sondern nimmt stetig zu…!

Nur von oben kann man sich einen ungefähren Überblick verschaffen!

Mehr…, immer meeehr …

…und Spaß ohne Ende!

Neil, Liz und John …!

Oldy… but goldy!

Gegen Abend verlagert sich die Party zunehmend in die Bars und provisorischen Saloons – weil auf der Straße kein Alkohol getrunken werden darf. Üble Ausschreitungen und Exzesse sind selten, Officer Luke W. gibt sich gelassen. Früher sei jedenfalls weit mehr los gewesen, blickt Sturgis-Veteran Carlos M. zurück. Besonders ein Vorfall aus den rauen 70er-Jahren, als Rockerbanden einfielen und mitten im Park japanische Motorräder aufknöpften und abfackelten, hat sich in seine Erinnerungen eingebrannt. Eine Horde Betrunkener hatte Benzin über die vierspurige Straße gekippt, um dann Vollgas mit ihren Harleys durch die Feuerwand zu brechen – die Fahrer waren nackt und die meisten nahezu volltrunken oder durch andere Drogen enthemmt und zu allem bereit. Eben Biker life, …in der Hardcorevariante halt…☺

Das sind die Geschichten, die Sturgis zur Legende machten – und den Einheimischen letztlich gute Geschäfte sichern. Irgendwie scheinen alle zu profitieren, kaum einer, für den nicht ein Stück vom großen Kuchen abfällt: Entlang der Einfallstraße, die den ganzen Tag über ein voller Zweiräder ist, verkaufen Kinder kühle Getränke. Leicht bekleidete Mädchen bieten Mopedpflege im Bikini an. Nicht nur Vorgärten werden kurzerhand in Park- und Campingplätze umfunktioniert. Fast jeder Einwohner der jetzt noch in der Stadt ist macht auf die eine oder andere Art mit.

Manche haben sich ganz dem Mythos Sturgis verschrieben. Wie etwa Carlos M., der seine Kunstgalerien aufgab und ins Geschäft mit T-Shirts und Accessoires umsattelte. Heute hat er mehrere Läden und einen florierenden Internethandel. Er ist immer in Sturgis geblieben, und hat keine einzige Rally verpasst. Wenn man ihn fragt, ob er es zu einem reichen Mann gebracht hat, lächelt er und meint: „Ich arbeite etwa vier Monate im Jahr und kann dann die anderen acht recht gut davon Leben."

Es ist hier wie im Rausch, alles was wirklich zählt ist es sich ungezügelt gut gehen zu lassen… und zwar richtig gut gehen zu lassen… ☺

Die Bar im Keller ist ein „kleiner" Geheimtipp…!

Geburtstagsparty in der Dungeon Bar…!

…sie meinte nur, er solle von all dem nix ihrem Vater erzählen…

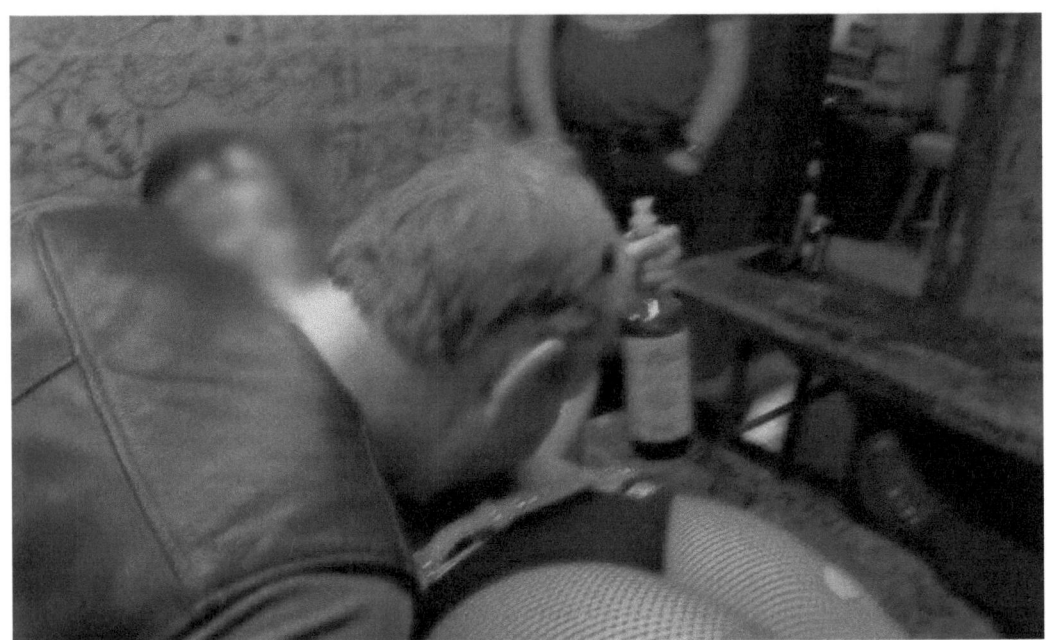

…jetzt hat er erst mal etwas Besseres zu tun, und zwar feine Sahne lecken! ☺

Underground Sturgis… und Liz ist immer voll mit dabei! ☺

Im Knuckle-Saloon ist der Bär los…!

Simply good … ob etwas reifer oder…

… jünger … it makes absolutely no difference…

richtige Knochenrüttler… und … Knochenschüttler…! ☺

Egal wo man auch hinschaut…

… edler Wahnsinn und purer Genuss…!

Straßen überqueren ist zu dieser Zeit nicht immer ganz einfach…

V8 Boss Hoss Maschinen mit etwa 450 PS

Hier ein noch paar interessante Daten über South Dakota:

- Die Benzinpreise liegen bei ungefähr 50 Eurocent/Liter
- Strompreise bei etwa 7 Eurocent/KWh (Deutschland ca. 30 Eurocent)
- Auf den Highways ist man teilweise über längere Strecken völlig alleine was im Pannenfall oder Unfall nicht ganz ungefährlich ist
- Der bekannte Kinofilm „Der mit dem Wolf tanzt" wurde etwas südlich von Rapid City gedreht.
- Die Leute sind hier in SD sehr offen, freundlich und fast jeder hat Lust und Zeit auf einen unverbindlichen Smalltalk.

Geile Maschinen … und daneben ihre zufrieden-relaxte Rider…!

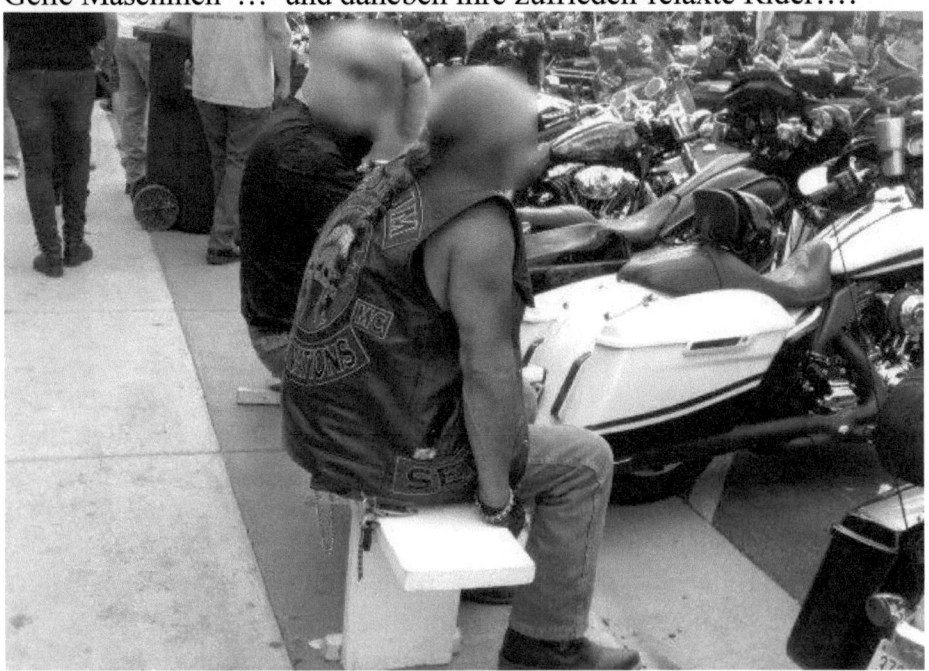

…you have to taste the awesome atmosphere…! ☺

Stahlrösser… wohin man auch schaut…!

… crazy bars and nice girls …!

Main Street Sturgis … was gibt es schöneres…?!!

Inzwischen sieht man auch ab und zu japanische Motorräder wie diese
technisch ausgereifte Suzuki VS1400 oder auch andere vom Nippon-Land.

STURGIS, love it or leave it…! Nooo, you`ll looove it !!! !!! !!!

Bei den Bikeweeks Ende der 60er und in den 70er Jahre ging es zunehmend ungezügelter und wilder zu, was sich aber teilweise in den 80er Jahren noch deutlich steigerte...

In den 80er Jahren kam es nämlich verstärkt zu größeren Auseinandersetzungen unter verfeindeten MCs, die manchmal zu größeren Bandenkriegen ausarteten und deren „fights" in den Straßen von Sturgis ausgetragen wurden.

Das was wir hier im Jahre 2017 erleben durften war zwar noch nicht unbedingt immer familiengerecht und gänzlich jugendfrei, aber die wirklich wilden Jahre mit Dutzenden von Toten und vielen Schwerverletzten wegen gewalttätiger Auseinandersetzungen und Verkehrsunfällen auf Grund von illegalen Rennen (z.T. in absolut fahruntüchtigem Zustand) sind zum Glück längst vorbei.

Ungefähre Besucherzahlen der jährlichen „STURGIS-Rallye"

Jahr	Besucher	Bemerkungen
1938	175	erste Veranstaltung der Jackpine Gypsies
1939	300	
1940	450	
1941	500	
1942	- -	keine Rallye wegen Bezinrationierung im WK 2
1943	- -	keine Rallye wegen Bezinrationierung im WK 2
1944	650	
1950	1000	
1960	2.500	
1970	7.000	
1978	25.000	
1980	35.000	
1985	150.000	
1990	400.000	Jubiläum, 50 Jahrfeier
2000	600.000	
2005	525.000	
2010	460.000	
2015	750.000	Jubiläum, 75 Jahrfeier
2016	400.000	
2017	420.000	

…no comment needed! ☺

Bikewash for only 30.- Box (Dollar)

Top Schönheiten aus Stahl…!

Abends auf dem Weg zum Buffalo Chip Campground

…und immer wieder sieht man Bikes, die so „richtig gut" beladen sind…

… und hier mal wieder ein reinerrr Augenschmaus!!

…alle sind richtig gut drauf und haben die beste Laune!

Authentisch und krass…

…denn wirkliche Schönheit kommt bekanntlich nur von innen…!

… und schlagfertig bis in die höchsten Gänge…!

Die Aussichten sind großartig … von oben wie auch und unten…!

Erst die Rallye…

… und …

… dann wurde die Bühne auf dem Buffalo Chip umgebaut…

… und es folgte das SHINEDOWN-Konzert!

Die Biker kommen aus allen Teilen der USA nach Sturgis zum
Buffalo Chip, und auch viele aus Übersee wie Europa und Australien…

07.08.2017 (Montag)

Einen Tag nach der großen Party auf dem Buffalo Chip standen Mount Rushmore, Custer State Park, Iron Mountain Road, Needles Highway, Crazy Horse und Deadwood auf dem Programm!

Quelle: https://commons.wikimedia.org/wiki/File:Mount_Rushmore.jpg,
Lizenz: Public Domain

Extrem kurviger Abschnitt auf der Iron Mountain Road…

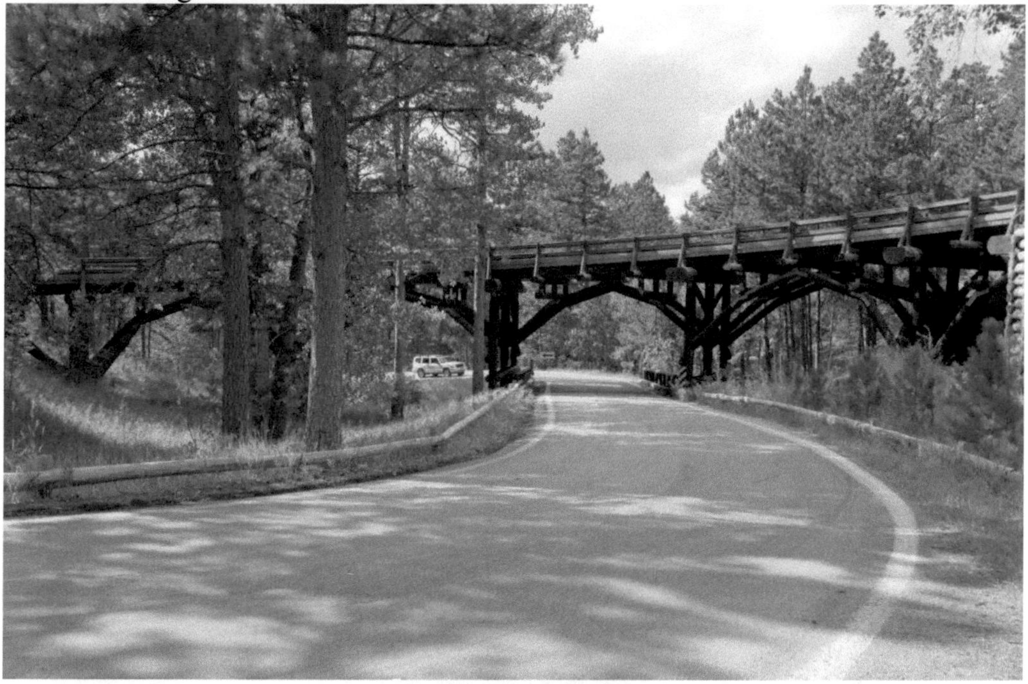

Quelle: KimonBerlin, https://commons.wikimedia.org/wiki/File:Pigtail_bridge_(328815220).jpg, „Pigtail bridge (328815220)", Lizenz: https://creativecommons.org/licenses/by-sa/2.0/legalcode

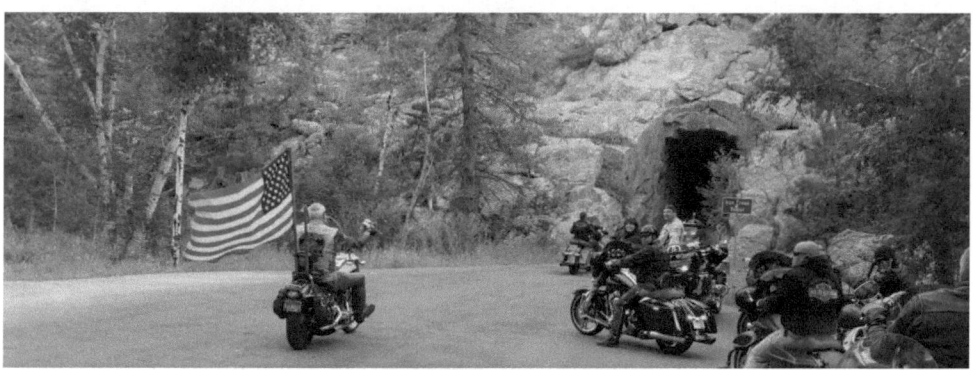

…und immer wieder Stau vor den engen Tunneln… ☺

Beeindruckende Felsenformationen, die es so wirklich nur hier gibt...

Stop and go, …da manche Tunnel nur einseitig befahrbar sind…!

Natur pur…!

Ein Platz zum Ausruhen und die Seele baumeln lassen…

Crazy Horse Monument…
…eine wohl ewige Baustelle der Skulptur eines großen Indianers!

Deadwood, das Paradies für Biker…

…und Spieler.

08.08.2017 (Dienstag)
Frühstücken, packen, Cabin (auf-)räumen und die Rückfahrt nach Howard antreten (356 Miles / 570km). John muss am 11.08. wieder an der Uni sein.

Abschied nehmen… von Hütte…

… und dem Wild, welches dort schon fast zum Greifen nah herumspaziert.

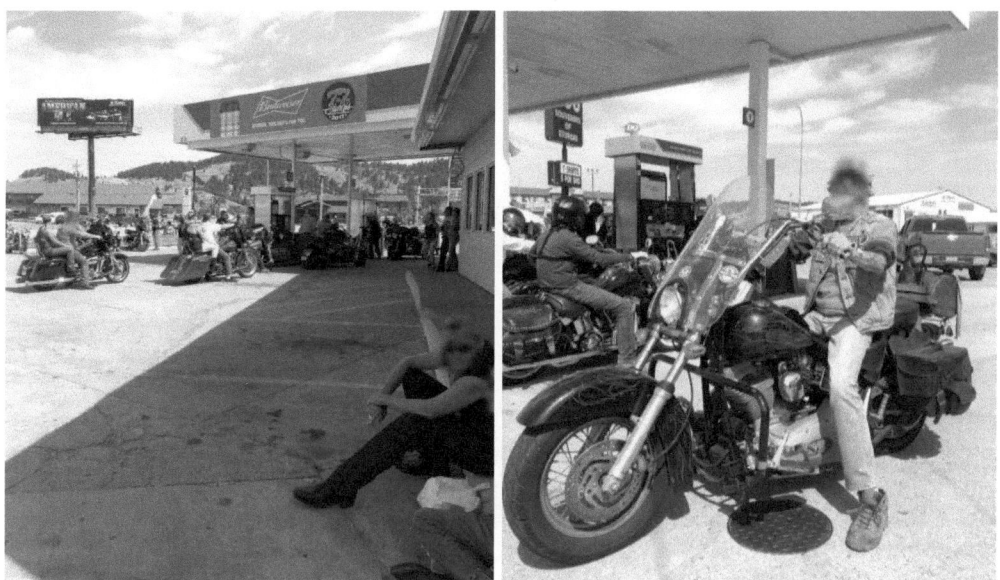

…Motorradstau an einer Tankstelle in Sturgis…!
Nach dem Tanken der Bikes heißt es raus aus der Partyzone und wieder
zurück auf den Highway-34 in Richtung Osten…

…geile Maschine entdeckt an ner Tanke, die musste noch mit rein ins Buch…!

…endless Highway-34, … sehr viel weiter als das Auge reicht…!

Nach etwa 130 Meilen (ca. 210km) und einer Fahrt durch eine fast vollkommen unbesiedelte Prärie machen wir den ersten Stopp an einer Tankstelle mit dem Namen T34 und einem angeschlossenen kleinen/einfachem Restaurant.

…irgendein Biker beim Tanken nach einem langen Ride…!

…voll geparkte Motorräder vor dem T34…

bei Pierre wieder zurück über den Missouri-River vom West- zum East-River

Mac`s Corner, Store und Tankstelle irgendwo auf dem Highway-34 zwischen Pierre und Fort Thompson. Der Verkäufer arbeitet schon seit über 60 Jahren in dem Store und hat stets ein freundliches Lächeln im Gesicht…

Zentrale Mailboxsammelstelle hinter dem „Mac`s-Corner" für die Farmer,
welche in der Umgebung leben und der Weg für den Postmann zu weit ist.
Liegt am Highway-34 zwischen Sturgis und Howard irgendwo im „nowhere"!
(Mac`s-Corner liegt am Rande eines Indianerreservats durch das wir fuhren…)

…und wieder zurück im gleichen Motel in Howard wie vor einer Woche!

…Wasserturm und Tankstelle am Ortseingang, am Highway-34…

09.08.2017 (Mittwoch)

Nach der Rückkehr nach Howard heißt es erst mal ausruhen und ausgiebig frühstücken. Beef Jerky einkaufen, Wäsche waschen, Bilder für`s Buch aufbereiten und abends Bruder Jerry besuchen um mit ihm gemeinsam zu schießen.

Freizeitsport in South Dakota… u.a. scharf Schießen!

Jerry Winker besitzt einige sehr interessante wie auch seltene Schusswaffen aller Kaliber und stellt seine Munition zum Teil auch selbst her. Es ist hier ganz normal mehrmals in der Woche zu Schießen und sein Recht auf Selbstverteidigung wahrzunehmen. Man kennt es hier nicht anders und es würde auch etwas fehlen wenn es nicht mehr so wäre. Hier wird Freiheit und persönliche Entfaltung noch groß geschrieben, natürlich nur solange man seinen Nachbarn in Ruhe lässt...!   (Jerry ist übrigens ein offizieller Schießtrainer)

Schießübungen mit einer M16 auf dem Grundstück hinter dem Farmhaus.

In South Dakota fängt man mit etwa 10-12 Jahren an mit scharfen Waffen zu schießen, das ist auch in etwa das Alter in dem man auf dem Land das Autofahren lernt. Ab 14 Jahren darf man offiziell in Begleitung eines Erwachsenen Autofahren. Wenn man jedoch keinen Erwachsenen dabei hat oder noch keine 14 Jahre alt ist und erwischt wird bekommt man im schlimmsten Fall vom Sheriff oder Debuti eine Verwarnung oder ein Ticket über ein paar Dollar. Hier sieht man alles noch ein wenig lockerer und lässt die Kirche im Dorf.

Ein Spruch in South Dakota lautet: **Give me a gun and leave me alone!**
...oder eben auch: **Let it go with the flow...!** ☺

(PS: Das 6 jährige Mädchen auf dem Foto durfte noch nicht selber schießen, aber für`s Foto ausnahmsweise auch mal eine ungeladene Waffe halten)

10.08.2017 (Donnerstag)
Besuch des Corn Palace in Mitchell und des Dorf-Museum in Howard, am Buchkonzept weitergearbeitet und abends gemeinsam mit der Mutter von John und Liz ein paar große und deftige Angussteaks gegrillt um sie mit rauchig-würziger American Barbequesauce genüsslich zu verspeisen.

Corn Palace in Mitchell

1904 WORLD FAMOUS

With Mitchell competing to be the state capital, exposition organizers voted to hire the world-famous John Phillip Sousa Band. To the astonishment of his manager, Mitchell agreed to pay $7,000 for six days. When Sousa arrived and saw Mitchell's dirt streets, he refused to let his musicians leave the train until he received payment in full. Bankers countered by bringing the total in cash to the depot. Sousa gave three concerts daily rather than the prearranged two. National attention guaranteed the continuation of the festival, though Pierre won the bid for the capital.

1907 GOOD FORTUNE

The "swastika" symbol on the 1907 palace was an Indian motif, dating back thousands of years and representing prosperity, peace and good fortune. John Phillip Sousa and his famous band returned to enthusiastic crowds.

Interessant ist, das die Swastika (Hakenkreuz) neben dem indogermanischen auch ein sehr altes indianisches Symbol für Wohlstand, Friede und einer guten Zukunft ist. Die Nazis haben dieses Symbol also nicht erfunden sondern nur für ihre Zwecke schamlos missbraucht… ☹

Eines der ersten Dinge die mir in dem Museum aufgefallen sind…

…Beutestücke aus Deutschland in einem kleinen Dorf in South Dakota: Hakenkreuzfahne, 0815-Maschinenegewehr und Karabiner von Fa. Mauser

Schnapp-

-schüsse

…aufgenommen an einer Seitenstraße in der Nähe von Howard (Fedora)…

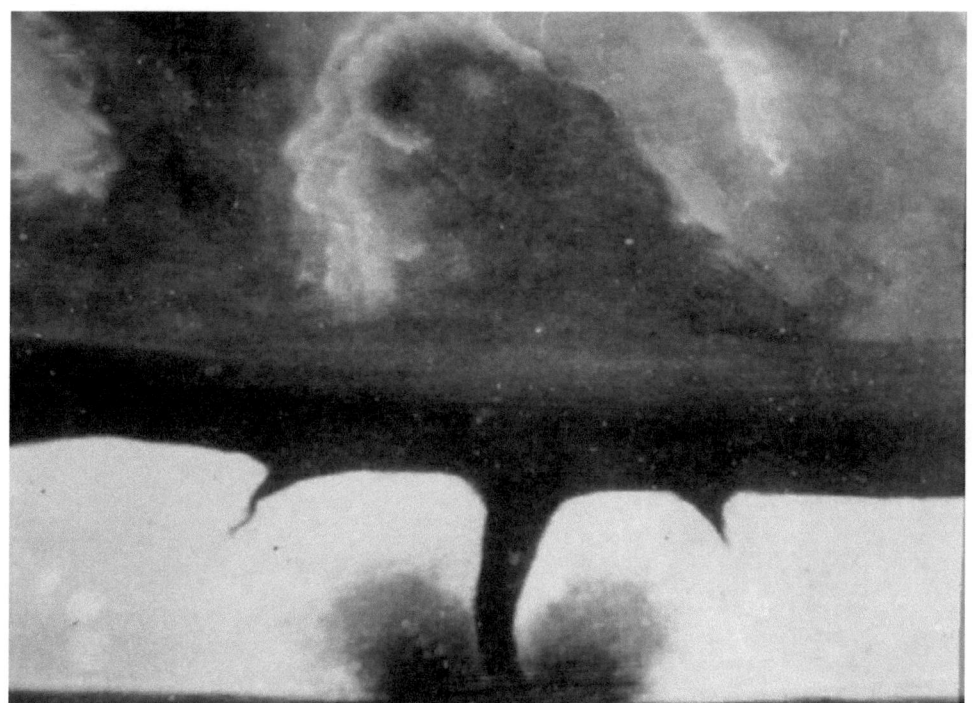

..und noch etwas interessantes…!
Das ist das erste Foto, welches weltweit von einem Tornado am 28. August 1884 in „Howard“, South Dakota, aufgenommen wurde.
Zufälle gibt es…

South Dakota ist ein wildes Land mit einigen Indianerreservaten.
Einen TÜV wollte man hier vor einigen Jahren auch mal einführen.
Aber nach relativ kurzer Zeit gab man das Vorhaben wieder auf da dies von den Einwohnern wegen der hohen Kosten („unnötigen“ Reparaturen) abgelehnt wurde. Auf den Highways ist hier auch kaum etwas los und von daher auch irgendwie noch nachvollziehbar bzw. vertretbar...
Wie gesagt, die Freiheitsliebe steht hier noch an erster Stelle,
und was nicht unbedingt sein muss, wir auch einfach nicht gemacht… ☺

Vor etwa 15 Jahren gab es mal für eine Aktion mit dem Namen „Macht South Dakota schöner". Da konnte man mit Überwachung der örtlichen Feuerwehr seinen alten baufälligen Schuppen, den man nicht mehr brauchte samt Inhalt niederbrennen lassen. Die Reste wurden dann einfach mit Hilfe eines Bulldozers in einem großen Loch neben der Feuerstelle vergraben. Umweltschutz wurde und wird hier noch nicht ganz so „groß" geschrieben. Wie gesagt, es ist hier eben immer noch ein wenig „wild, wild West"…!

Originalfoto von einer alten Scheune, welche man auf dem Grundstück der Winkers auf diese Art und Weise entsorgte!

…und unterwegs immer mal wieder ein paar Schnappschüsse geschossen…

…you better use snake stopper around your house here…!

11.08.2017 (Freitag)

Rückfahrt nach nach St. Paul über Granite Falls. Besuch des indianischen Steinbruchs in Pipestone und eines Weltkriegsmuseums, anschl. Essen von feinen Burgern mit gutem Malt-Bier in einem von Indianern geführten Casino

Pfeiffenköpfe aus weichem Stein vom Steinbruch in Pipestone…

…welcher inzwischen unter indianische Verwaltung steht und Kulturgut ist!

Felsengesicht in Pipestone

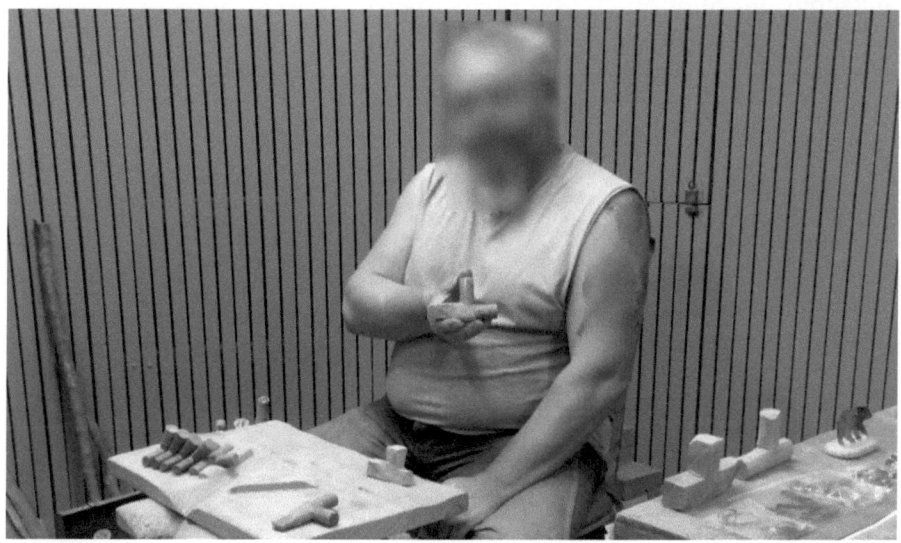

Pfeiffenhersteller in Pipestone (Halbindianer)

Landschaft im Steinbruch von Pipestone…

…mit den Felsen aus relativ weichem Gestein aus denen die berühmten indianischen Pfeifen hergestellt werden.

… und weitere Impressionen aus Granite Falls…

Museum mit deutscher Messerschmidt B109… (seltenes WK-Flugzeug)

…daraufhin lecker Essen im Casino…

… anschließend den Sonnenuntergang am 68er Ford Falcon genießen!

12.08.2017 (Samstag)
Fahrt von Granit Falls zurück nach St. Paul/Minneapolis zu John,
Ausruhen, erholen und etwas weiterschreiben am Buchmanuskript.

Einen 1957er Bel Air, ca. 40.000 Miles für 60.000 Dollar,
gesehen bei einem Cardealer 1 Stunde westlich von Minneapolis…

13.08.2017 (Sonntag)

Abschlussessen am vorletzten Abend vor dem Rückflug nach Frankfurt

14.08.2017 (Montag)

Besuch der Innenstadt von Minneapolis, welche direkt an St. Paul angrenzt. Die beiden Städte werden deswegen auch Twin-Citys genannt…

…downtown Minneapolis…

Parking Rates
Calculated From 5:00am - 4:59am
Rates Include All Taxes
For Assistance Call: 612-305-2119

0 - 20 Mins	
21 - 40 Mins	$ 8.00
41 - 60 Mins	$10.00
61 - 80 Mins	$12.00
81 - 100 Mins	$14.00
101 - 120 Mins	$16.00
121 - 180 Mins	$18.00
3 - 6 Hours	$20.00
6 - 10 Hours	$21.00
10 Hours - End of Day	$22.00
	$23.00

Parkgebühren in Minneapolis…

…auch ALDIs gibt es seit ein paar Jahren in St. Paul / Minnepolis

An diesem Montagabend haben wir gepackt und abends Besuch von Johns Bruder Dan und seiner Frau Karin bekommen.

Für das Abschiedsessen habe ich dann mal meine „crazy Kochkünste" zum Besten gegeben und ein paar deftige Burger zusammengeschustert, die es mit viel Knoblauch, Zwiebel, Pfeffer, Chili und Petersilie so richtig heftig in sich hatten.

Von den „German Burgers" blieb kein einziger übrig…

Als auch das Bier getrunken war und sich der Besuch verabschiedete legten wir uns mal etwas zeitiger wie sonst ins Bett, denn am nächsten Tag ging es zum Flughafen und wieder zurück über den großen Teich in die Heimat…☺

15.08.2017 (Dienstag)
Zur Mittagszeit startete der Rückflug von Minneapolis nach Chicago, und von dort mit einer Boeing 747 zurück nach Deutschland

16.08.2017 (Mittwoch)
Ankunft am Frankfurter Flughafen und Rückfahrt nach Karlsruhe… ☺
Der Jetlag, der in östlicher Flugrichtung, d.h. von den USA nach Europa kommend härter zuschlägt hatte uns fest im Griff.
Die nächsten Tage werden wir damit ein wenig zu kämpfen haben, aber das ist völlig egal, denn der Trip war durchweg faszinierend, cool und überaus beeindruckend!

ENDE

Für alle, die sich zu dem Thema South Dakota noch etwas genauer informieren wollen und (nun) evtl. selbst mit dem Gedanken spielen mal Sturgis und die Black Hills zu besuchen, denen habe ich hier noch ein paar wichtige Infos angehängt, die ganz nützlich sein können.

Z.B. gibt es einen Reiseführer in Englisch, der sich rund um die Gegend der Black Hills befasst. Das Buch ist ein absolutes „MUST" für alle Biker, die es bzgl. einer detaillierten Reiseplanung noch etwas präziser wissen wollen… ☺

Dieses Buch (Preis 10$) kann man unter folgender Adresse bestellen:

-   **www.blackhillsparks.org/books**
-   **Tel.: 001-605-745-7020 (USA)**
-   **E-Mail: bhpf@blackhillsparks.org**

Links zu tollen Sehenswürdigkeiten in South Dakota!

http://highwayhighlights.com/2013/04/reconciliation-park-mankato-mn/

http://walnutgrove.org/museum.html

https://www.nps.gov/pipe/index.htm

http://visitbrookingssd.com/

http://www.desmetsd.com/desmet/visitors/laura-ingalls-wilder

http://www.cityofhoward.com/

http://www.cornpalace.org/

http://www.mitchellindianvillage.org/

http://www.plattesd.org/

https://en.wikipedia.org/wiki/White_River,_South_Dakota

https://www.tripadvisor.de/Tourism-g60729-Interior_South_Dakota-Vacations.html

http://www.blackhillsbadlands.com/scenic-drives/badlands-loop-state-scenic-byway

http://www.onlyinyourstate.com/south-dakota/scenic-abandoned-town-sd/

https://en.wikipedia.org/wiki/Wounded_Knee_Battlefield

http://www.walldrug.com/

https://www.visitrapidcity.com/

https://www.nps.gov/moru/index.htm

http://www.ironmountainroad.com/

https://custerresorts.com/activities/activities-in-the-park/

https://custerresorts.com/activities/scenic-drives/needles-highway/

https://custerresorts.com/activities/scenic-drives/peter/

https://custerresorts.com/activities/scenic-drives/wildlife-loop/

http://www.blackhillsbadlands.com/places/sylvan-lake

http://harneypeakinfo.com/

https://crazyhorsememorial.org/

https://www.1880train.com/

https://www.bearcountryusa.com/

http://www.blackhillsbadlands.com/drives/spearfish-canyon-scenic-byway

http://www.blackhillsbadlands.com/scenic-drives/boulder-canyon

http://www.blackhillsbadlands.com/scenic-drives/vanocker-canyon-nemo-road

http://www.blackhillsbadlands.com/parks-monuments/bear-butte-state-park

http://www.spiritualtravels.info/articles-2/north-america/bear-butte-in-south-dakota/
http://www.pactolalake.com/
http://www.blackhillsbadlands.com/parks-monuments/angostura-state-recreation-area
http://cosmosmysteryarea.com/index.html
http://www.reptilegardens.com/
https://www.nps.gov/wica/index.htm
http://www.wildmustangs.com/
https://prairieedge.com/
http://www.blackhillsbadlands.com/business/dinosaur-park
http://www.sdairandspacemuseum.com/
https://www.deadwood.com
https://www.nps.gov/deto/index.htm
http://mammothsite.com
http://www.sdsmt.edu/Academics/Museum-of-Geology/Home/

Reference Disclaimer

Bei Verweisen auf fremde Internetseiten ("Links"), die außerhalb des Verantwortungsbereiches des Herausgebers liegen, würde eine Haftungsverpflichtung ausschließlich in dem Fall in Kraft treten, in dem der Herausgeber von den Inhalten Kenntnis hat und es ihm technisch möglich und zumutbar wäre, die Nutzung im Falle rechtswidriger Inhalte zu verhindern. Der Herausgeber erklärt daher ausdrücklich, dass zum Zeitpunkt der Linksetzung die entsprechenden verlinkten Seiten frei von illegalen Inhalten waren. Der Herausgeber hat keinerlei Einfluss auf die aktuelle und zukünftige Gestaltung und auf die Inhalte der gelinkten/verknüpften Seiten. Deshalb distanziert es sich hiermit ausdrücklich von allen Inhalten aller gelinkten/ verknüpften Seiten, die nach der Linksetzung verändert wurden. Diese Feststellung gilt für alle innerhalb des eigenen Internetangebotes gesetzten Links und Verweise. Für illegale, fehlerhafte oder unvollständige Inhalte und insbesondere für Schäden, die aus der Nutzung oder Nichtnutzung solcherart dargebotener Informationen entstehen, haftet allein der Anbieter der Seite, auf welche verwiesen wurde, nicht derjenige, der über Links auf die jeweilige Veröffentlichung lediglich verweist.

Kurzbericht von John Winker über den Trip nach Sturgis!
(August 17 at 6:22am)
Now that life's back to "normal," I want to chronicle the past 3 weeks of life.
Everything was pretty simple until the evening of July 26th when my sister Liz
(Elizabeth Winker) and my friend Lou, flew into town from Germany. Liz was
last home for Christina's graduation, and we started talking about heading to
Sturgis. 16-months later, it was go-time. Liz & Lou flew from Germany to ride
motorcycles to Sturgis, SD. And I was the guide. We spent the first few days tool-
ing around St. Paul & Minneapolis, letting Lou get used to the Victory - the mo-
torcycle we purchased specifically for this trip, but he had never ridden until
now - and getting supplies in order to actually make it to Sturgis. We left St. Paul
on July 31st, with the Valkyrie leading the pack, Lou following on the Victory, and
Liz following in the Falcon - YES, the car I purchased back in March that didn't
have rear spring perches until May. #Roadkill. And, yes, the recovery vehicle for
this trip was the oldest and least-reliable vehicle of the team. We made it to
Howard, SD that evening, said our hello's to Pat (aka, mom) and prepped for the
real deal. We headed to Platte, SD on August 2rd and stayed with our Uncle Barney and wife Connie. She recently stopped riding, so she lent Liz her riding gear
(incredibly fit perfect!) for the rest of the trip. Liz traded the Falcon for Jerry's
Flex for this part of the trip, given the Falcon's lack of power steering, power
brakes, . . . power . . . , and Air Conditioning (or heat, as we would later find out).
August 3th, we headed west from Platte in a drizzly and cold mess. By the time
we hit White River, SD, Lou was starting to question his decisions (me too), but
by Interior, SD, things were clearing up. We fueled at Cowboy Corner at Interior,
SD, and as we were leaving, Lou fired up the Victory to a round of attention and
cheers from the crowd (the V92 is REALLY loud, but not like a Harley, it's dis-
tinctly different, and I think everybody recognized that). We headed for Wall
through the Badlands. We stopped to take some awesome pictures of Liz playing
her traditional Native American flute against some of the most brutal and beauti-
ful landscape the world has to offer. #WallDrug gave us enough nickel coffee and
free ice water to keep going. Back through the Badlands, then onto Rapid City as
dusk approached, we continued west as the temperatures dove south. Now, let
me tell you something, dear reader, when I originally rented our cabin, Gold Run
Cabin, I did not *REALIZE* it was part of Terry Peak, the world-renowned Black
Hills Ski and Sky locale. Temps were diving into the upper 40's as we arrived at
the cabin, and we were COLD. Lou fired up the wood stove, we cracked a beer,
and considered what we had just accomplished. Lou had just set a new daily

mileage record for himself, Liz had just gotten her awesome pictures in the Badlands, and I had just taken our group across two states to get away from everything. It was a good end to a great day. The following five days were filled with motorcycles, music, mayhem, nature, exhaustion, beauty, construction, congestion, friendship, fellowship, and some of the best weather Sturgis Bike Week has ever offered. We were only rained-out one day in our entire tour (and we *could* have ridden, it just would've been stupid to do so). The purpose of this trip was to show Lou, a German citizen, what Sturgis Bike Rally is really all about. We rode the main roads, we visited the Buffalo Chip Campground, we watched the races, we saw a band (#Shinedown), and we saw 420,000 other bikers who shared the same aspirations. Lou met my family, my friends (Burghardt & Josh), and my padres who share this hobby here in the US. Lou is writing a book (in German) about the Sturgis Bike Rally experience. While we only spent a week, and we spent the week in a great cabin an hour away from Sturgis, these truths ring through. To say the trip was without incident would take away from the numerous *positive* incidents we saw. Granted, the Victory blew a low-beam lamp & the Valkyrie is getting some tail lamp wiring attention, but overall, nothing major went wrong - we were never stranded. In our extended group, my friend Josh went down avoiding a bus, but only minor scrapes and scratches, no broken bones. Most important to me, we watched the races at Buffalo Chip with my Uncle Dick & Marsha Wagner for the first time since I've started riding. Lou met Dick, Marsha, Connie, and Barney Jr. whom he would've otherwise missed, not to mention Barney Sr. & Connie in Platte. We headed out of Lead on August 8th, "cannonballing" it back to Howard, shattering Lou's daily mileage record. (I'm not sure, but I think we almost doubled it prior to this trip?) At one point, Lou might have verified the V92 has a top speed > 160kmh (that's 100mph, for the US friends) and I might have confirmed the Valk can still hit 180kmh (110mph) even after 96,000 miles. (Good thing we might have done this on roads that were neither Federal nor Indian Reservation somewhere nondescript in an area somewhere in South Dakota, not where either of us are living.) As far as I'm concerned, this confirmed Lou's status as part of our family, though I do want my sister to make sure we aren't previously related. Once back to Howard, we diverged. I headed back to the Cities on August 9th, another rainy and cold day. I followed the rain almost the entire trip back, but I had to since I had class on the weekend. Liz & Lou met up on Saturday, August 12. They spent a few extra days in Howard, then made their way to St. Paul via Granite Falls with the Victory & Falcon again. We spent the weekend pretty low-key, putting very few miles on the bikes, and not many more on the Falcon. We spent most of the time coordinating our pictures, videos and stories. Liz & Lou hit the airport on 8/15, and I just got word from her they made it to Germany without incident. The great, international Sturgis vacation is done. Well . . . the FIRST great international Sturgis vacation is done. There may be more.

WOW...

... and now I want to say a very big THANKS to the general manager of this gorgeous trip... !

John is a real smart and nice guy. He`s always happy and in a good shape...!

A VERY BIG THANKS FOR ALL TO MY AMERICAN FRIEND MR. JOHN WINKER AND HIS VERY INTERSTING AND NICE FAMILY!!!

With the best wishes your friend Lou (Lothar R. Schulz)

Hi Leute,

ich habe noch eine kurze aber wichtige Info, die es in sich hat... ☺
Wenn Ihr mal so richtig schön tief relaxen wollt, dann geht mal auf die Homepage von Elizabeth Winker (Liz)
Sie spielt seit über 10 Jahren verschiedene indianische Flöten, was sie auch so richtig gut kann. Besonders schön und eindrucksvoll finde ich die indianische Herzflöte und die geht so richtig intensiv angenehm unter die Haut...!
Sie war übrigens auf dem Trip nach Sturgis mit dabei...
Sie ist in Winfred/South Dakota aufgewachsen und hat wie familieninterne Recherchen ergaben auch höchstwahrscheinlich indianische Vorfahren (Sioux oder Cheyenne)...
Den spirituellen Geist, welcher nicht nur von Ihrer Musik ausgeht hat etwas besonderes tiefes, frisches..., sehr positives und relaxtes...!
Ein Titel von Ihr lautet z.B.: **Hangin` out at a Desert Gas Station...!**

Songs of Spirit
Music of the Native American Style Flute

by Elizabeth Winker

In today's fast-paced world where we are often confronted with tight schedules, change and stress, the soothing and healing tones of the Native American (Style) Flute can help restore inner peace and harmony. They can open the hearts of those who play, as well as those who listen, returning each to his or her own inner Source, and can each to get a chance to experience the wonder of unconditional love.

Check it out, ... you`ll be surprised...!!! ☺